やさしい解説 モンテッソーリ教育

藤原元一・桂子・江理子

学苑社

日常生活　活動の展開：大工

日常生活：縫う

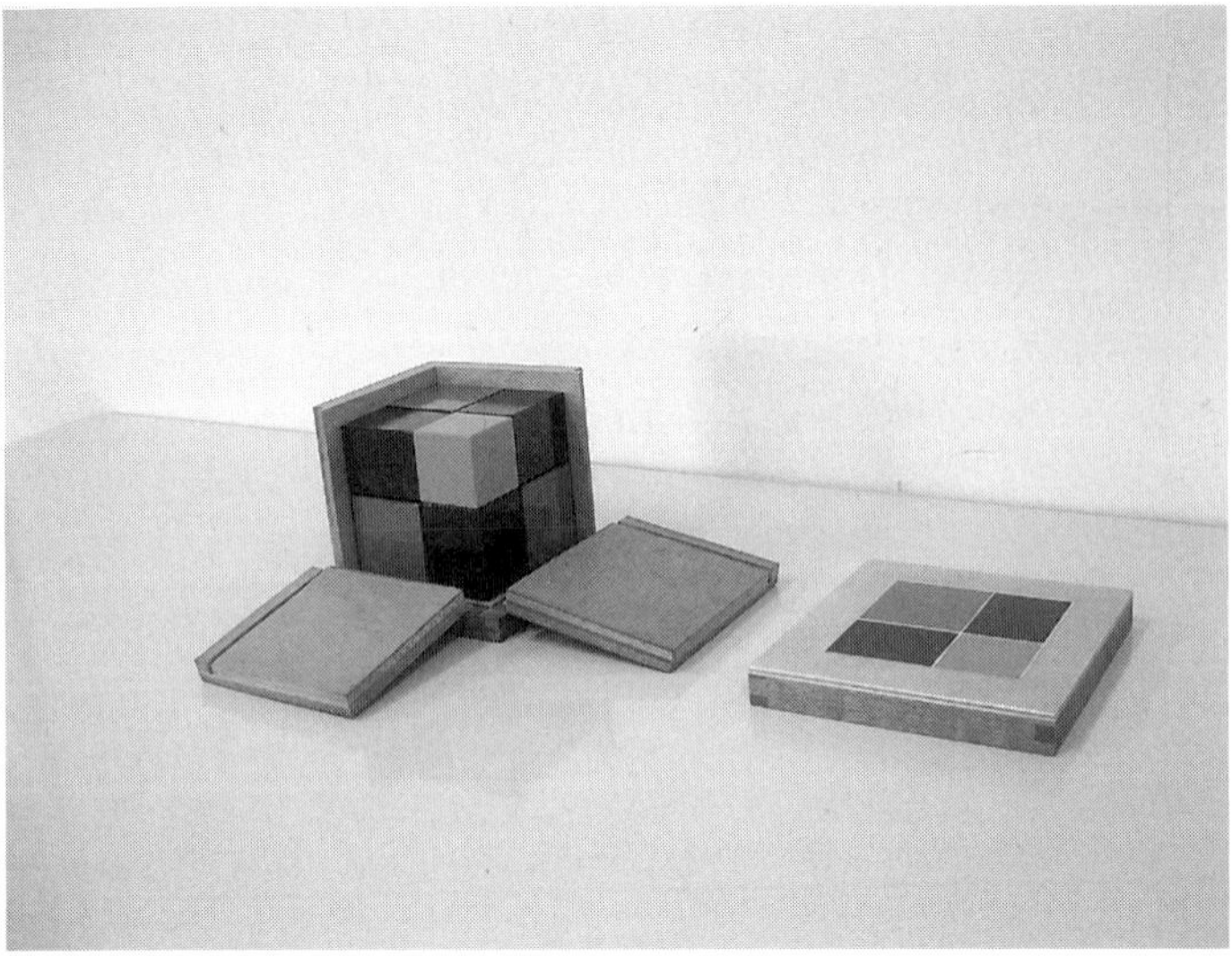

感覚：二項式

言語：実物合わせ

はじめに

本書は、「モンテッソーリ教育―やさしい解説―」（平成一五年発行）を主体にし、今回はこれに「文化」の章を新しく加えました。これによってモンテッソーリ教育法の五領域が揃いましたので、「モンテッソーリ教育―やさしい解説―」として一先ず一応の体裁を整えたのではないかと思います。

今回、先の本を再度書籍化するに際しては、読みやすいように一部加筆修正したところがあります。しかし、主な著者である元一の文章はできるかぎり、そのままにしています。再び執筆することのない著者の思いを大切にしたいと考えたからです。したがって本来の著者は藤原元一であり、言語の領域を桂子が、文化の領域を江理子が担当する形をとっています。

また、できるだけ保育現場の様子を伝えるため子どもの写真をのせるようにしました。写真に関しては多くの園、保護者の協力をいただきました。この場を借りて御礼を申し上げます。

今回も亦、あのようにしたい、こうしたいという思いを積み残すこととなりました。今後一層努力し研究を続けていきたいと思っていますので、何卒御鞭撻下さいますようお願い申し上げます。

この度の再度の書籍化には学苑社編集部にいろいろお世話になりました。ことに、木村咲子さんからは、細やかな編集作業をしていただき感謝しております。ありがとうございました。

藤原桂子

二〇〇七年一〇月

目次

装丁・大野　敏

1章　幼児教育とは

1　モンテッソーリの幼児教育についての考え方

❁「吸収する」ということ

幼児期教育は、学童期教育とは根本的に異なります。その理由は、次の事実に基づいています。幼児期の子どもの学び方は、「吸収する」形で行われます。

それは、環境にあるものすべてを無意識のうちに吸収して、その子なりに理解し、模倣するという方法をとって行われるのです。

「吸収する」とは、目の前にあるものを、そのまま善悪の判断もなく（もちろん、判断できない）、乾いたスポンジが水を吸い上げるように、全部吸い上げ、自分の中に取り込んでしまうことです。苦労するわけでもなく、ごく自然にそうするのです。それが、脳に記銘されて、自分の一部になる（ここでは、言葉を獲得することの例を挙げています）、すなわち、吸収して、自分の人格の一部になっていくと考えられます。

これに対して、学童期になると、感覚器官がそれぞれの発達の水準に達して意識することができるようになっているので、自分で努力することや、自分の意思で学ぶことが可能になります。つまり、このころからの学び方は、意思や考えによって「自分で努力をして」学ぶ形になります。

その最もよい例は子どもの言葉の発達のときに見られます。

❁「吸収する学び」について

子どもが言葉を獲得する状況（学び）を観察してみましょう。

乳児は寝かされた状態であっても、周囲で話されている言葉を聞いています。眠っているかもしれません。目を覚ましているかもしれません。とにかく聞いているようです。声のする方に目を向けたりしますから。また声を出したりして反応しているようでもあります。周囲の環境から聞こえてくる声を聞いて吸収しているのです。

赤ちゃんは、はじめは声のコントロールなどできませんから、叫声という叫びに似た声を発しますが、周囲の人達の声を吸収しているうちに叫声は喃語へと変化していきます。

時には話し掛けてくれる声に応えて微笑み、きゃっきゃっと声を出して応答するようになります。周囲の年長者の話す声を聞くうちに、生後一年近くになると、喃語から次第に片言を言うようになります。そして話すようになってきます。そのときのアクセント、イントネーションも、確実に吸収して(学んで)話すようになります。苦労して覚えたのではありません。それは日本語であろうと、英語、フランス語、ドイツ語であろうとすべて同じです。環境の中にある言葉を、無意識に吸収し習得するのです。これを「吸収する学び」(または吸収する)といいます。

これに対して、「努力する学び」とはどんなことでしょうか。

私達が、中学校に入って英語を習いはじめたときのことを思い出してみましょう。一生懸命、単語を暗記しようと努めました。難しい単語は単語帳をつくって暗記しようとしました。なかなか覚えられないので困ったことが思い出せるでしょう。このように言葉を覚えるためには、意識的に、

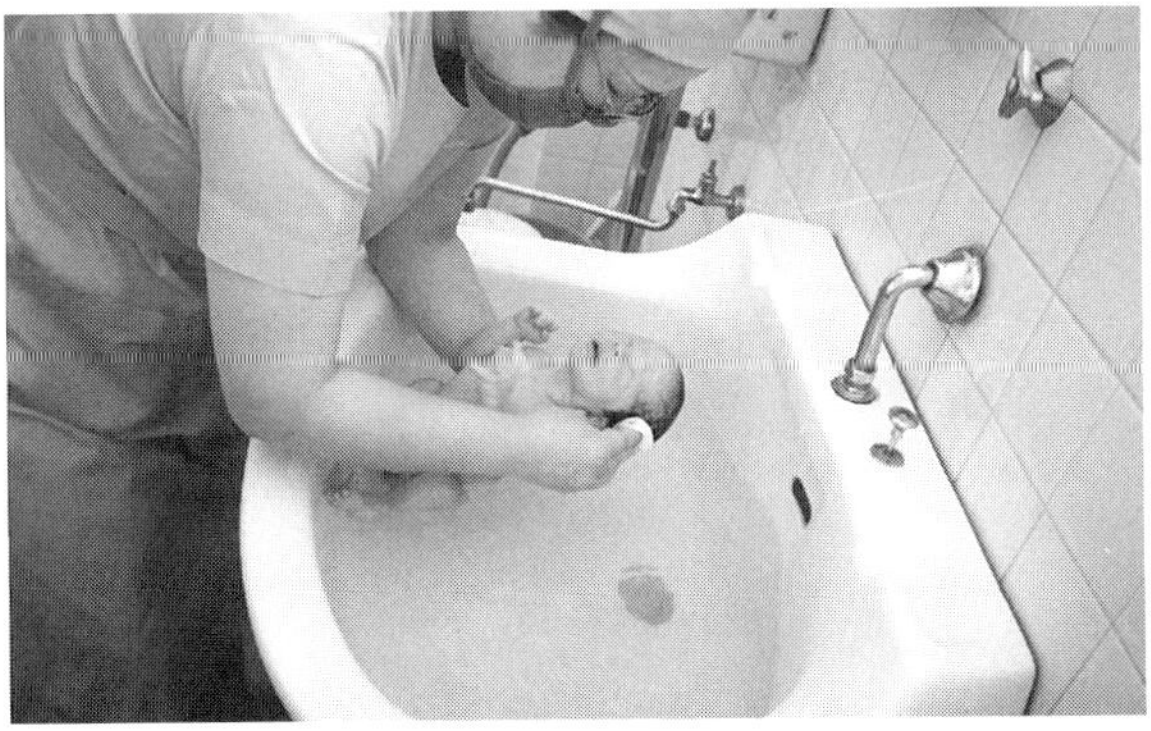

誕生直後　産湯を使う

強い意志や努力を持つことで、はじめて学習が可能になります。これが「努力する学び」です。

学び方が、「吸収する学び」と「努力する学び」というように異なるのであれば、その援助の仕方や方法も、当然異なるのではないでしょうか。

※ モンテッソーリは子どもをどう見ているか

子どもをどう見るかという児童観に関しては、昔から多くの学者が取り上げ、いろいろな説が述べられてきました。

その特徴を一言で言えば、大人が子どもの実態を見て子どもはこうだと断定したもの、あるいは子どもはこうあるべきだと考えたことなど、大人の考えが中心になっているのです。

ところが、モンテッソーリの児童観は、子どもを観察したことや、その子どもから学ぶ姿勢、そして科学的な事実をもとにして、子どもとはこうだと考えるようになったもので、子ども中心となっていることが分かります。その点で他の児童観と異なっているのです。

モンテッソーリ自身は、児童観という言葉を使っているわけではありません。しかし、彼女の著作を丹念に読むと、彼女は自分の教育法は〝子どもから学んだものです〟と言っていますし、子どもを、次のように考えていることが分かります。

- 子どもは、大きな可能性を持った存在です。
- 子どもは、自主的、自発的な存在です。
- 子どもは、自己教育力を持つ存在です。よいものを求める傾向、美しいものを好む傾向が見られます（これは意識的なものではありません。刺激に反応していると見るべきでしょう）。
・子どもは、社会的な存在です。また、宇宙的な存在です。
・子どもは、知的な存在です。
・子どもは、精神が働いて、肉体がそれに従う存在です。

❋ 人間の生成発展について

モンテッソーリの教育法は、非常に科学的なものです。彼女は、子どもの誕生の事実および、人間の生成発展について、胎生学の知識に基づいて次のように説明しています。

人間の誕生は、まず精子と卵子が結合し、一つの細胞が生まれます。この細胞は、自己の生成発展のために必要な養分を周囲の環境（母親の胎内）から吸収しつつ分裂し、次第にその数を増やし一つの形を形成していきます。すなわち、細胞は母胎という環境の中で、その生命の生成発展に必要なものを自らの力で吸収して、一つの形をつくるのです。これが胚葉と呼ばれるものです。

胚葉は、内胚葉、中胚葉、外胚葉とから成り立っています。これらの各胚葉は、さらに原始器官へと発展発達をしていきます。

内胚葉からは、栄養を取って身体を維持するのに必要な内臓諸器官、すなわち、胃、腸、肺、肝臓、心臓などが分化します。

中胚葉からは、身体組織の中心となる骨格、筋肉、その他各種の結合組織、血管、腎臓、輸尿管、膀胱、生殖器などが分化発育します。

外胚葉からは、脳、脊髄、その他の神経系、感覚器管（受容器）、皮膚、皮膚の付属品、たとえば髪、爪、汗腺、および、口、肛門などができます。すなわち、ここでは生活するための内外の連絡および、その統一をつかさどる諸器官が分化発育します。

このように、はじめは単一な胎原細胞の分裂から、次第に胚葉の形成となり、各胚葉の中から次第に原始器官が分化生成し、それからさらに各部器官がだんだんと分化形成していきます。

その生成発展は、まさしく内部からのものであり、決して外部から強制されたり、教えられたりして形成されたものではないのです。

母胎という環境の中で、生命力が自らの力で自然的な生成発展を遂げているのです。ですから、母胎にあってこのような自己発展を遂げてきた生命力が、新生児としてわれわれの社会に誕生した瞬間から、まったく無力な価値のない存在に化してしまう、とは考えられないのです。

その生命力は、母胎を離れて、われわれの社会に誕生してきた後も、新生児の中に脈々と受け継がれ、連続した自己発展を遂げつつあるのだと考える方が、むしろより自然で合理的なのではないでしょうか。

胎内から胎外へと、子どもにとって外的環境は著しく変化しましたが、その環境の変化こそ、この小さい生命力が、より自己を形成させるため、発達になくてはならないものなのです。

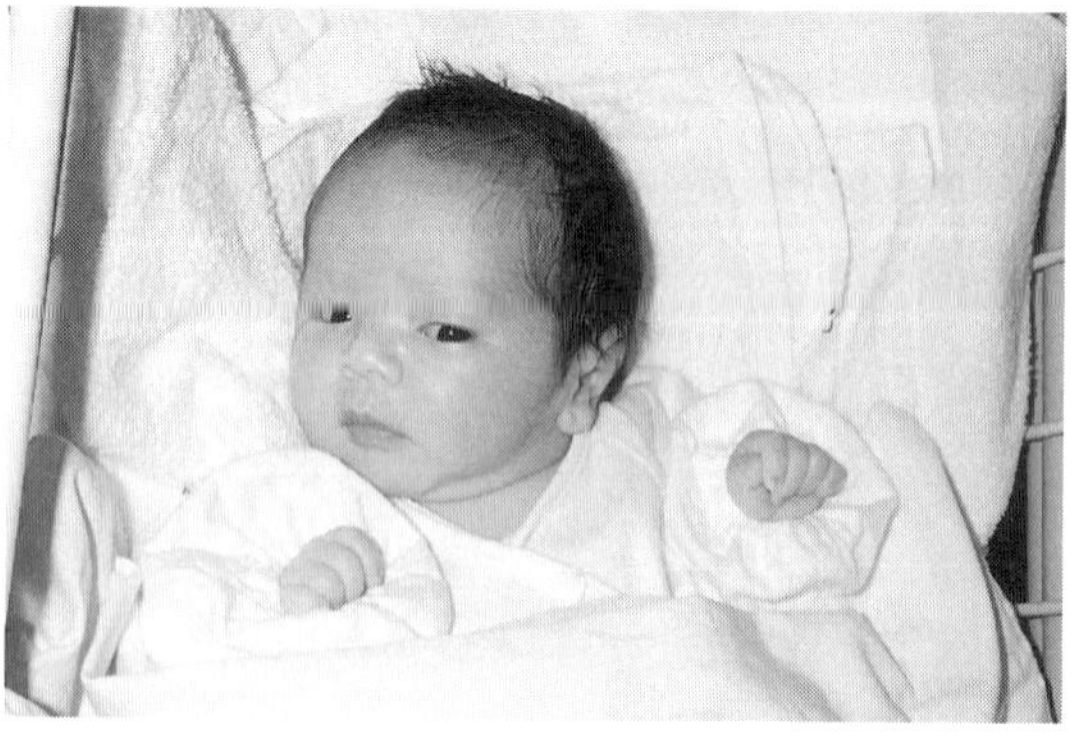

生後12日

具体的に言えば、それまで母親の胎内を環境として、自ら成長に必要な養分を吸収しつつ自己発展してきたこの生命体は、最初は、母親と、母親の与えてくれるものとを環境とし、それとの出会いを通して生命をさらに発展させ、自己を形成していくのです。その生成発展は、極めて自然の法則にかなった成長であるというのです。

この胎生学の知識から、教育にかかわる点を引き出してみますと、第一に、母親の胎内という環境の重要さ、第二に、子どもは自己形成力を持つ―自発的・自主的・自己教育力を持つ―存在だということが分かります。

モンテッソーリ教育とは

以上の点から、モンテッソーリ教育法は、第一に環境の整備、すなわち、子どもの発達を助けるための環境整備の必要性、第二に自己教育力（自己形成力）の援助、すなわち、子どもの自発性・自主性・自己発展の援助の必要性、これら二つの要件を果たすように構成されていると、考えることができるのです。

2　子どもの成長する要点を見る

子どもは、動くことによって発達する

乳児はわけもなく、意味のない動きを繰り返しているように見えるかもしれませんが、そうではなく乳児にとって、動くこと自体が喜びであり、重要なのです。

これらの動きによって、筋肉が発達し、神経細胞が神経繊維を伸張させ、感覚器官を発達させせます。それらの動きは、脳に印象としての記銘（記憶の最初の段階）を行うのです。

子どもの動きは、次第に各器官の発達を遂げながら、意味のない動きから、意味のある動きができるように変化していきます。心身のコントロールが次第にできるようになります。それは、動きによって感覚器官が発達するからです。

子どもは、環境との出会いによって発達する

環境について

環境には人的環境と物的環境との二つが考えられます。発達にはこの二つの環境と子どもとの出会いが必要です。子どもと人とものの三者が、最も適正な関係で出会うときこそ、子どもは正常に発達すると考えられます。

人的環境とは、直接的に、また間接的であったとしても、子どもに影響を与える、周囲にいる人すべてだと考えることができます。たとえば、親・兄弟姉妹・祖父母・叔父・叔母、さらに教師など、目前に見える人、見えない人に至るまで。

物的環境とは、ものが直接または間接的に、子どもに与えるすべての刺激だということができるでしょう。たとえば、教具、教材はもちろん、周囲にあるもの、それが置かれている状態、それらが醸し出す雰囲気など、その他、社会的環境・自然的環境・有形無形の自然の織り成すものなど、すべてを指します。

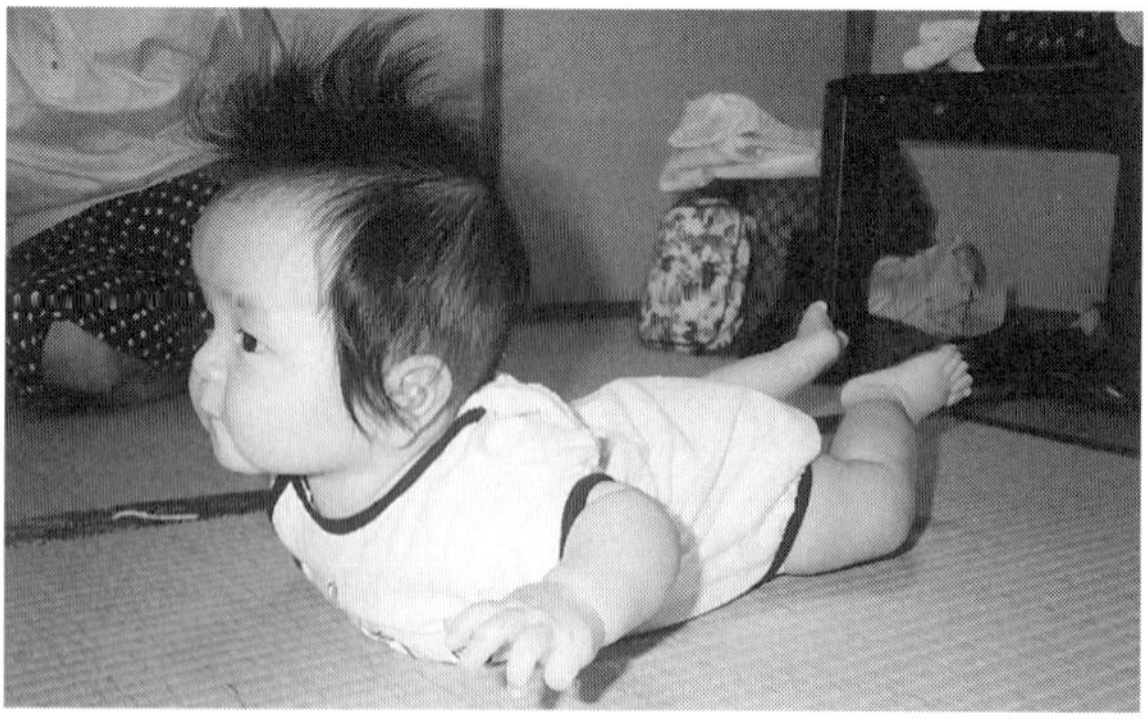
生後5か月

環境の問題は非常に重要です。ですから、次章で詳しく述べることにします。

✿ 環境との出会い

環境と出会わなければ、子どもの正常な発達を期待することはできません。特に人間との出会いがなくて発達すると、どのようになるのかは野生児の例でよく知られていることです（アヴェロンの森の野生児、狼に育てられたカマラとアマラなど）。

子どもは、自由で、整備された環境との出会いによって、よりよく発達するのです。

自然界は、生物にとってはそれ自体、整えられた環境になっています。ところが、人間社会は人為的なものです。人間社会は大人の都合を主としてつくられています。特に現代のような社会環境は、子どもにとって整備された環境とはいえません。

子どもは、整備された環境の中で、ごく自然に、自由であることが必要です。

そして、整備された環境とは、子どもの発達を援助するのに必要なものが、ある意味でそろっていることだと考えられます。

公園での遊び

子どもは自由を求めている

モンテッソーリは「自由が保障されている子どもを直接観察することだけで、私は彼らの—目に見えない子どもの内部にあるもの—内的生命の法則があることを発見したのであり、その後、この法則が一般に妥当性を有するものであることが判明したのです」と述べています。

モンテッソーリは「自然で自由であることは、子どもの正常な発達には欠かせないものです」と述べています。

自由の概念について

モンテッソーリの自由の概念には、非常に深い意味を見つけ出すことができます。モンテッソーリによれば「真の自由は、教育の助けを借りて、子どもの内面に潜む己を導く力（内面指導力—自己教育力）を発展させてはじめて得られる」ものであり「自立しないまま、自由を得ることは誰もできない」のです。

したがって、子どもの中に自分から積極的に自由を得ようとする気配が見えたら、私達は、子どもが自分自身の行動を通して自立できるように導かねばならないのです。つまり、「子どもの有益な行為を、自然の設計通りに、自分のものにできるように助けることが必要です」と言うのです。

「自由を自分のものとしている保育室では、子ども達は、無駄なことをしないし、知的に、しかも自分の意志

子どもの一面

のままに動き回っているが、乱暴な振る舞いや粗野な行動は、特に起こらなかった」と述べています。

こうした自由を根付かせるために、もし制限することがあるとすれば、それは子どもの破壊行為だけです。「他のどのような行為も、それが有益だと思われる範囲で、すべて認めるだけでなく、それを観察しなければならない」とモンテッソーリは述べています。

自由な環境での活動を保証された子どもが、「ある作業を選んだとすれば、自然の法則に従って発達している子どもの内面と密接に関係している」、つまり、自由な環境で活動することを邪魔されないなら、子どもは自分の発達に必要なものを、自己選択するとモンテッソーリは言うのです。

モンテッソーリの言うように、子どもの本質がそういうものであるなら、教師や親の援助は〝まぁいいや適当に〟ではすまされない、真剣なものでなければならないのです。

このように考えてくると、子どもに自由を与える場合に、保育者や親は子どもが喜ぶからという理由だけで、何でも与えてよいと考えていては、過ちを犯しかねないことが分かります。

子ども自身が自分の内面に潜む、己を導く力（内面指導力―自己教育力）を発揮できることが大切です。その場合、子どもは自由であったか、自立しようとする姿が見受けられたか、という点は重要です。

子どもの内的要求を知り、妨げないようにあらゆる配慮をしなければなりません。すなわち、自由とは子どもの発達の正常な発達を阻害するものからの解放であると、理解することが大切です。

子どもに自然を与えることは現代社会ではだんだん難しくなってきています。機械文明が進んでいるからです。

現代の子どもの置かれている状況

このごろの子どもは、どんな状況に置かれているのでしょう。ここではただ、指摘するにとどめます。

物質的に豊かな生活状況

現代は、何でも容易に手に入れることができる、ボタン一つでことがすむ（たとえば、炊飯器、洗濯機）時代です。飽食の時代ともいわれます。

自由の名のもとに子どもを放任してはいませんか、過保護になりすぎていませんか。家庭におけるしつけの喪失・幼児期における早期教育の流行・塾に行く・お稽古ごと・体育教室・水泳教室など幼児の生活が変化してきています。夜型への移行も多く見られるようになっています。してよいことと、してはいけないことが分からない・やる気がない・すぐ飽きる・苦労することを嫌がる・我慢する自制力がないなど、幼児の姿も変化しています。「子どもの体力もここ数年で見る限り著しい発達の差は無く、運動能力などはある種目では、大幅に低下しているのさえあります。」（『子ども白書２００５』）

文化財が身の回りにたくさんある生活の中で子どもに自由を与えることは、危険でもあり、ものを壊される恐れもあります。自由を与えるといっても、不用意には与えることはできません。

では、どうしたらよいのでしょうか。子どもに自由を与えることは可能でしょうか。

自由の意味を考える必要があります。モンテッソーリのいう自由は、制限のある（規律のある）自由です。

たとえば、現代のわれわれの車社会を考えてみましょう。車に乗った人々が、自由に走りたい、移動したいと考えて、身勝手に車を走らせたらどうなるでしょう。特に、十字路の交差点でのことを考えてみましょう。混乱が起こって、車は、にっちもさっちも動かなくなるのは明らかです。自由のために、自由が奪われてしまいます。このとき、交通規則があればどうでしょうか。規則を人々が守ったら、比較的自由に車は走れるのです。自由とは本来このようにあるものです。

制限のない自由は、放任です。特にモンテッソーリが言う自由とは、子どもの自然な発達を妨げない自由といえばよいでしょう。

このように考えると、子ども達に自由を与えることは大切です。子どもに自由を与えることを可能にする方法を模索して、実現可能にしなければならないのです。

子どもは自己教育力を持っていて、発達の過程には敏感期があります。こうした点からも子どもに自由を与えることの必要性が分かります。

自由を保証された子どもには、〝子どもの真の姿〟（正常化された行動）が見られることが報告されています。この事実は、子どもに自由を与えることは可能であり、さらに、それを実現できる可能性を示すものであると考えられます。

❁　子どもの成長の姿を思い出してみる

⑴　誕生の直後の乳児は、ほとんど眠っています。お腹がすいてくると目を覚まし、泣いて、それを知らせます。おしっこを漏らして気持ち悪くなると、泣き声を出して知らせます。この泣き声を聞きつけて、母親は、驚いて赤ちゃんのそばに飛んできます。〝どうしたの、どうしたの〟と若い母親は戸惑いますが、やがてそれは、赤ちゃんが、お腹をすかせたのだとか、漏らしたことを知らせているのだ、と理解するようになります。そ

れが分かると母親は、早速、子どもの要求に応えて、お乳を与えたり、オムツを替えてやったりします。

それ以外のときには、乳児は、ひたすら眠っているようです。しかし、最近の研究によると、母親がどんな思いで子どもの要求に応えているのかを、赤ちゃんは感じ取っているのだという事実が分かってきました。泣き声を出すと母親が来てくれること、そして、お乳をくれる、気持ちよいオムツに替えてくれることを、赤ちゃんは知るようになります。母親も、泣き声を聞き分け、子どもとともに学び成長するのです。

このころは、母親が子どもにどのように接したか、子どもがどう感じたかが大切な問題で、心の開かれた人間になるか、閉ざされた人間になるか、愛情を受けた人として成長するか、拒否された人として成長するかの、分かれ目になる時期だといわれています。

(2) 目を覚ましているときが多くなります。このときには、目を動かし、首をひねって、辺りを眺め、音のする方に振り向き、周囲の環境を吸収しています。落ち着いた雰囲気・慌ただしい状況・秩序だっているか・乱雑であるのかといった情報を受け取り、それに対応する動きが定着していきます。寝ているときにも、いろいろなものを感じて、吸収していることが知られるようになってきました。

(3) 寝返りを打ち、首を上げ、手足を盛んに動かすようになります。

このころから、動きが盛んになってきます。動くことによって、筋肉や、神経繊維の発達が活発になります。子どもは、精一杯動き、動くことを喜んでいます。動きは、発達を助けるからです。

(4) 這うことができるようになります。腕を使い、お腹を使って這い、足に力を入れ、前に進むようになります。腕や足、それに腰を動かすことによって、立つための準備がなされていきます。やがて、ものを見つけて、それに向かって突進していくようになります。

この乳児期の前後からは、単なる反射から随意運動への切り替えが見られるようになります。自分の意思に従って反応することを習得していき、動きによって、筋肉や神経繊維の発達がますます活発になっていきます。

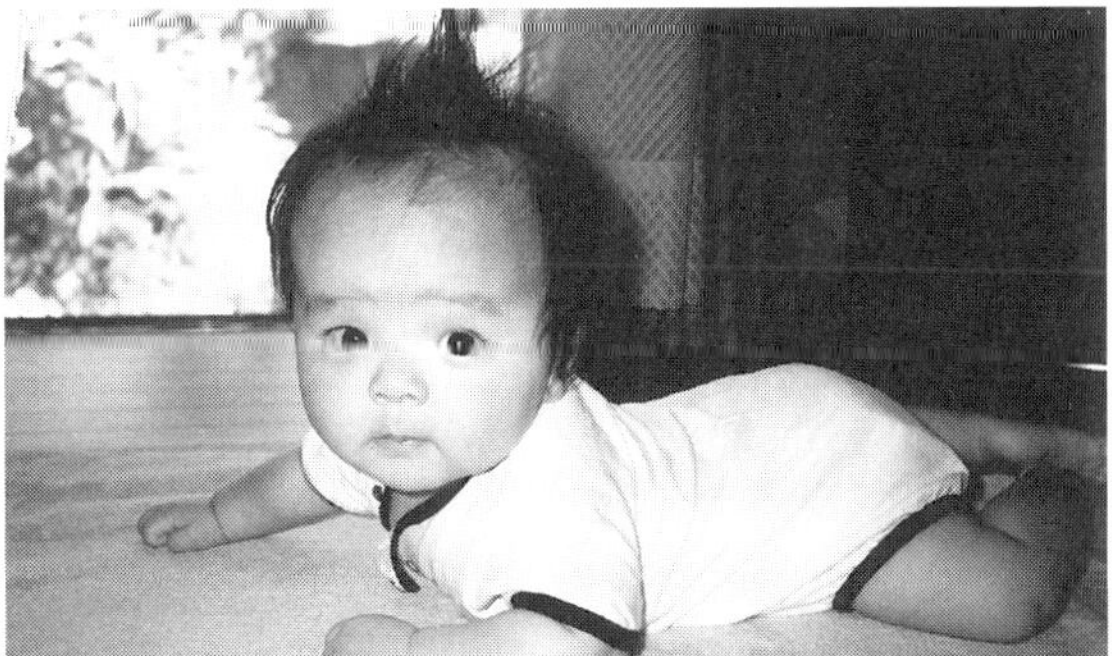

目標を見つける

2章　環境との出会い

1　環境について

※ 対人・対物環境

子どもは環境との出会いによって発達するといわれています。この環境とはどのようなものであるのかについて、考えてみたいと思います。

普通、子どもの環境は対人環境と対物環境に分けて考えられます。対人環境は人との交わりや関係を意味し、対物環境はものとの関係やかかわりを意味します。

子どもの対人環境とは親子関係はもちろん、兄弟関係、友人関係、さらには教師や近所の人達、親戚関係など、子どもが出会う周囲の人達、また、子どもが何らかの影響を受ける人達との関係をつくる環境を指します。

対物環境は、子どもの生活する周りにあるすべてのものや自然界のもの、現象までも含めて考えることができます。

1章で紹介した、イタールの「アベロンの野生児」やゲゼルの「狼に育てられた子」カマラとアマラのように、子どもと対人環境との出会いがない、つまり人との出会いのない例も、とても考え難いことですが数少ないながら存在します。現代においても、人との出会いを遮断された環境で育てられた子どもの例が、報道されたことがあります。

これらの子どもは、正常な発達がなされないで、あらゆる点で発達の遅れがあることが共通しています。

植物栽培

子どもと対物環境との出会いがない場合については、動物研究の多くの報告例が参考になります。シロネズミ、うさぎ、にわとり、鳩などの例です。

これらの実験は、よりよい恵まれた環境で育てられた場合と、恵まれない環境で飼育した場合を比較しています。これら二つの群で飼育された動物が成長した後、それぞれの脳を解剖した結果、脳細胞の発達に目立った違いがあったというのです。豊かな環境で育てられた動物の方が、脳細胞の発達によい結果が得られ、成長がよいというのです。

このことは人間の場合でも、同じではないかと考えられます。

有名なスピッツの研究を紹介しましょう。彼は、普通の家庭児三四人と、二か所の施設に収容されている乳児それぞれ一〇〇人ずつを、生後四か月から観察して比較を行いました。この二か所の施設は、ちょうど対照的な性格を持つように選びました。一つは、医学上、設備がよく整っていましたが、子どもを世話する看護婦さんは、子ども一〇人に対して一人の割合でした。もう一つは、設備や環境条件は極めて悪いのですが、母親代わり一人に対して、子どもは二人の割合でした。この二つの施設児の、その後の発達を比較しますと、非常にはっきりとした違いが現れました。

その研究の結果によりますと、設備は貧しいが人手のある施設で育てられた子ども達は、ごく普通の家庭で育てられた子どもとまったく同じように健全に成長し、病気に対する抵抗力も強く、死亡率も一般乳児なみの低い値しか示しませんでした。

これに対して、環境は医学的には完備しているけれども養護者の少ない施設で育てられた子ども達には、劇的な変化が見られました。この子ども達は、周囲のものに対して極端に無関心で、死んだように押し黙っている傾向が強く見られました。驚くことは、発達指数の平均が四五程度（普通平均は一〇〇）で、重症の知的障害と、同程度にすぎなかったというのです。これが、その後ホスピタリズム（施設病）と呼ばれるようになった現象です。このことは極めて明瞭に、乳幼児の発達に親、または親代わりの人のかかわりが、大切な要素であることを示しています。

モンテッソーリ教育の実施園などでもそれが証明されています。すなわち、対人的にも対物的にもよく準備された環境で育てられた子どもは、その成長が正常であることが多く報告されています。

これを理解するためには、次のことが重要になります。

モンテッソーリによりますと、「環境の重要性を理解するためには、まず、子どもの精神が大人のそれとは異なった種類のもので、違った方法で働くものであることを理解する必要があります。すなわち、大人が知性によって知識を習得するのに対して、子どもは全生活を通じて知識を吸収します。それは、印象という形で子どもの心に浸透するばかりではなく、精神を形づくり、子どもの人格を形成する」のだといいます。

遊具で遊ぶ

子どもはこのような特徴を持つ存在だからこそ、自然によって子どもに授けられた機能を自由に発達させるにふさわしい環境を準備しなければなりません。環境は、生命の発達を助けることも、また妨げることもできます。「種、および個の発達の源となるものは、それ自体の内面に秘められています」、「この子どものうちに秘められた生命が発達し、それが目に見える形で現れること―それが成長と呼ばれるものです」。

子どもの内面に秘められた生命の発達を、目に見える形で見るためには、そこに環境がなければなりません。しかも環境があるだけでは足らないのです。環境は、精神を解放するものでなければならないのです。どのような生物であっても、自己の潜在的な力を発達させるために、その環境内に特定の要素を求めるものであり、それが生物の一般的法則なのです。これは敏感期、臨界期の問題です。

環境を子どもに与えるためには、これらの条件を考えなければならないのです。具体的にはどのようなことを考えればよいのでしょうか。

モンテッソーリは、
・環境に秩序があること
・自由があること
・成長のために最も適した知的滋養分（敏感期に対応するもの）
が整備されて、環境の中に置かれている必要があると述べています。

これらについて順次述べていきましょう。

2　整備された環境

整備された環境について

整備された環境とは、子どもが生活する中で、心身の発達を成し遂げようとするのを助けることのできる環境のことをいいます。そうした環境をつくるためには、まず子どもをよく観察する必要があります。私達は、子どもの心に近づいたと思っても、子どもが見えていないことがあります。それは、私達は無意識のうちに、自分の持っている子どものイメージとその性質とを、子どもに当てはめてしまうからです。そして、子どもは大人を小さくした存在であると思いがちです。これでは、子どもの本当の姿は見ることができません。そのために、子どもを観察するときには、科学者が知らない事実に向かうときのように何の前提をも持つことなく、感情を抑制して、ありのまま子どもの動く事実だけを見るようにしなければなりません。

この子どもの観察を通して、モンテッソーリは、それまで知られていなかった子どもの内的生命の法則があることを発見したというのです。子どもは誕生のときから、活動的な精神的生命を持つ存在であり、そして子ども自身が、未来の人格の構成設計を自らの内に持っていて、それを創造するように運命づけられた、潜在的な能力を持つ存在であるというのです。

こうした特徴を持つ子どもの発達を援助するために、今まであった環境をモンテッソーリが、子どもにとって整えられた環境に変えたことによって、子どもは自分に必要なものをそこに見出し、それを吸収しながら生活できる自由を得たのです。

整えられた環境とは、どんな環境のことをいうのでしょうか。

※ 整えられた環境の目的

(1) できるかぎり大人から独立させること
(2) 未熟なものの発達を助ける（援助する）ものであること

⑴は、本来子どもが持つ自発性、自主性を尊重して、自立（自律）を助けることです。そのためには援助の方法が問題になります。

子どもが作業を行っているときに、子どもの知っていること、習ったことについては、子どもに任せることを原則にしています。そして教師は、子どもの行っている作業を観察しながら、手を出さないようにします。手出しをしない、口出しをしないで子どもの動きを見守ります。

そして何を望んでいるか、どんな困難に出会っているか、どんなことに興味を示すのかなどを観察して、援助のよりよい方法、子どもが一人でできる方法を考えて、援助していきます。これは、子どもが大人から無用な束縛を受けないことを意味します。

⑵は、未熟なものの発達を助けるものであることです。

「新生児は発達した精神機能を持っていません。それは子ども自身がつくり出していくものだからです」。モンテッソーリはこの状態を、精神的胎児と呼んでいます。身体（肉体）は生まれたが、精神は未だ胎内に在るような状態だというのです。この精神的胎児が正しい発達を遂げるために、穏やかで秩序ある環境と、成長のために最も適した知的滋養分としての援助が必要になります。子どもを危険から守る必要があるのはもちろんのことです。

「援助、助ける」の意味は、辞書などによると「困っている者などに力

幾何パズル：ピースをより分けてそろえ、幾何模様をつくる

を貸し、不足を補って、うまくいくようにすること」とあります。モンテッソーリのいう援助（助け）には、これらの意味はもちろんありますが、助ける目的は、子どもが一人でできるようにするところにあります。

次に、子どもから学ぶことを大切にします。特に、子どもの発達する条件、発達する状況、たとえば、子どもができる認知の仕方、理解の仕方、機能の発達に従ったやり方など、大人が考え、思ってもみないことなどを、観察によって子どもから学ぶこと、それらに基づいて援助の方法を考えることを大切にしていくのです。

3　整えられた環境の要素

整えられた環境の要素とはどんなものがあるのでしょうか。幾つかの要素を取り上げて、説明をしていきたいと思います。

※ 秩序のある環境

環境内の秩序を生むには、まず、ものはいつも決まった場所に置いてあることが大切です。ものは使ったら、かならず元の場所へ戻すのです。整理整頓が目に見える形で示されている環境であることが大切です。

秩序はあらゆる方法で表現されます。秩序に助けられて成長する子ども達の成長の度合いに合わせて、いろい

保育室での自由選択による活動

ろな知的レベルで表現されるものです。何歳のときには、どのような秩序が要求されるか、それによって環境は決定されていく必要があります。こうして、子ども達と秩序ある環境がお互いに補い合って、よい関係が生まれるよう配慮するのです。そのために、教具を使って作業する場合、敏感期に合ったものを環境の中に見つけられること、さらに、仕事のサイクルを完了できるように保証するなど、心が配られていることが大切です。

こうなると子ども達は、自分の周囲にあるこの秩序を喜んで維持しようとするようになります。それと同時に、この秩序が子ども達の魂の中に溶け込み、秩序への傾向を強め定着させる働きをします。秩序への傾向は幼児期には容易に発達しますが、この傾向は幼児期をすぎてから形成するのはとても困難なことなのです。

この関係を保つためにも、些細なことでも秩序が損なわれないように、常に気を配っていくのが教師の主な役割の一つともなっています。

自由である環境

自由な雰囲気にあってこそ、子どもは本来の姿を見せることができます。

モンテッソーリ教育は、「自由に基礎を置く教育」といわれています。子どもの自己発展を助けるために、「自由」を与えています。子どもがその成長の過程で、自分の内的要求に従って自分がやりたいと思うことをしてもよいのだということを知ることが大切です。続いて、自分自身をコントロールすることがとても大切で必要なのだということを子どもに知らせるために、大人は子ども達に自由の経験を与えなければならないのです。そして、自由を経験させることにより、子どもの自己発展は可能になるのだとモンテッソーリは考えています。

だから、援助が必要なのです。子どもの生命力（生命衝動）と環境との出会いを通して、正常な成長を引き出す効果的な助成が必要となるわけです。そのために自由が必要なのです。自由な環境の中で、子どもは教師（人的環境）の適切な援助を得て、真の姿を現すのだといいます。

自由のために必要な援助とは、

・子どもが、自主的にまたは自発的に要求するものに応えた援助が得られること

・子どもが動きや感情の衝動を抑え、必要なコントロールを身につける援助が得られること

・子どもが、自分の発達に必要なものを自由に環境の中に見つけ出せること

特に精神の創造期にある子どもにとって必要な、成長のために最も適した知的滋養分（敏感期に対応するもの）が、整備されて環境の中に置かれている必要があります。

・子どもの自由を守る上で必要な秩序が存在しているとともに、生き生きとして活気があること

・子どもにとって、知的、道徳的、社会的な要求を満たす環境であること

・精神的な存在としての子どもが持っている「不滅のあこがれ」に応える環境であること

など、体を動かすという単なる自由があるだけでは足りないのです。それは十分な自由ではありません。

日常生活：絞る

❈ 教師と整えられた環境

整えられた環境も訓練された教師の存在なしには、子どもの発達に十分に役立たないことを知っていなければなりません。

環境が子どもにとって生き生きとしたものとなるためには、教師が必要です。教師は、子ども達と環境とのダイナミックなつなぎの役割を果たすのです。モンテッソーリのいう〝接点〟を設ける役割を果たすのです。したがって、環境を構成するための絶対的に欠くことのできない要素として、教師が挙げられます。

教師は環境を整えますが、保育室を常に生き生きとしたものとするために、子どもの成長の過程に合わせて、子どもの要求に応じることが大切です。教具、教材の場所や量なども、子どもの発達に合わせ、季節の変化にも合わせて変えていくことにも心を使わねばならないのです。

教師はよい環境をつくるとともに、その環境を維持する人であり、環境の中の秩序を子どもとともに守る人でもあるのです。

❈ 実生活とかかわりのある環境

「子どもが、空想や幻想のとりこにならないようにするには、自然と現実を、肉体的にも、また精神的にも、内面化させなければなりません。そうしないと子どもは、自分の内面の世界や外の世界を探求するときに必要

整えられた環境と子ども達

な自己鍛錬や安心感が得られず、洞察力と識別力を持った目で生活を観察することができなくなるのです」。

したがって、室内の教具、教材は、子どもの実生活とより密接なつながりを持つように、本物が配置されるのです。室内の備え付けも、また本物であることが大切にされているのです。

それらは一つずつしか用意されていません。大勢の子どもが、一つしか置かれていないものを使うときには、当然、待つことや順番を決める必要が出てきます。こうして「他人がしていることを尊重するのは、人に言われるからではなく自分の実際の体験を通して分かるようになる」ことが実現していきます。

❈ 美しさと雰囲気のある環境

実生活を積極的に生きるためには、子どもがごく自然に反応するように誘いかけてくる美しさと雰囲気に満ちた環境であることが大切です。

「どんな装飾品も、作業に熱中する子どもの注意を完全にそらしてしまうものではありません。むしろ、美は思考の集中を促し怠惰な精神を一新させるものです」。保育室という環境を「人間生命の観察の実験室」にしようとすれば、美しいものを備えなければなりませんと奨めています。

❈ 自然環境

「人間は自然の一部であり、ことに、子どものときには、心身の発達にとって必要な力を自然から引き出さねばならない」とモンテッソーリは指摘し、子どもと自然との触れ合いが非常に重要だと力説しています。「この触れ合いの中から、子どもは自然の秩序、調和、美を正しく認識し、科学や芸術の基礎である自然の法則を体得するのです……」とも言っています。子どもにとって一番大切なことは、自然と自分が一つになって、自然界の素晴らしさに浸ることです。見たり、触れたり、話したり、雰囲気を味わうことが重視されています。

4　保育園における環境

保育室における自由と秩序

教師と子どもとの信頼関係が、しっかりと確立されていることが前提となっています。教師によって整理整頓された環境が必要です。敏感期に適した教具が、必ず見つけられる状態に整備されていなければなりません。

たとえば、保育室の場合、

・ものにはすべて収納場所があり、ものは、すべてその指定場所に置くこと
・使った教具は、元あった場所に、元あったように戻すこと
・席を立つときはいすを中に入れる
・人の作業の邪魔をしない、作業中は大声で話さない
・じゅうたんの端を踏まない
・話しを聞くときは、その人の方を向いて、姿勢を正しくして聞く

自然に恵まれた園庭

など。

子どもが喜んでこのように動くとき、そこには、子どもが秩序を維持している状態が見られます。

保育室は子どもの成長のために、秩序ある環境と最も適した知的滋養分となるものを必要としています。

特に、教具と呼ばれるものがあります。これは、順序や、系列、系統などの種々の配慮がされた知的なものであり、また子どもの人格形成の助けになるものです。

子どもが、教具、教材を使って、作業のサイクルを完了できるように自由が保証されていなければなりません。そのためには、子どもが選んだ作業に必要なものはすべてそろっていて、壊れたり欠けたりしていることがないようにする必要があります。

また、作業をしている子どもに話しかけたり、作業の妨げになるようなことはしないようにします。

子どもは、仕事が終わると、教材や教具をそれがあったときと同じ状態にして、元の場所に戻します。使った教具、教材を元の場所に戻すことによって、子どもの仕事のサイクルが完結します。これは、一つのことをやり遂げたという満足感を味わい、自律への方向付けを示すものともなります。そして、他の子どもが使えるように準備することでもあり、他者への配慮をするという社会性を育てるという点においても非常に大切な要素になっていきます。一つの作業にはじめがあり、片付けることによって終わるのだということを意味するとともに、この教具を使うのは自分だけではないことを理解する上でも役立ちます。

このように、子ども自身が環境の秩序を保つ役割を担う存在となります。

❀ 家庭の場合

各家庭において、気持ちのよい環境をつくり、そこでの秩序を維持することは、各家庭内で行われている約束（伝統または、決まり）と考えることができます。

維持しなければならない秩序の内容は、社会に通用する常識と考えるとよいでしょう。

そして、子どもの発達に合わせて、年齢によって、秩序の種類も少しずつ増やすなどの配慮が大切です。

子どもと環境との間に信頼関係を保つためにも、些細なことでも秩序が損なわれないように、秩序が維持できるように常に気を配っていく必要があります。

たとえば、三歳児がほうきを元に戻そうとして、納めてあるところに戻しにきました。ところが、ほうきを掛ける釘がなくなっていました。子どもは当惑し、ほうきを手に握りしめて立ちすくみました。そうして助けを呼ぼうとしたのでしょう。しかし、不幸にもその近くには誰もいなかったのです。しばらくして、子どもは泣き出しました。子どもはどんな気持ちになっていたのでしょうか。

また、「へびあそび」の計算をする準備をしていた五歳児が、五の白黒ビーズが不足しているのに気づきました。提示中の教師に申し出ましたが、さんざんに待たされました。仕方なく子どもは教員室に取りにいきましたが、予備のビーズは見つかりませんでした。待たされた上に、子どもは活動もできないことになって、止めてしまいました。

子どものやろうとしていた意欲は断たれ集中力はぶっつりと切れ、要求不満で意志は弱りました。エネルギーは四散して、気持ちとしては実りのない、おそらくは無秩序でさえある方向へと、気持ちの流れが変えられてしまいました。「秩序を守れ、されば秩序が汝を守る」というのは真実です。

これと反対に環境の中の秩序が守られていれば、子ども達と、その環境との信頼関係が成立していきます。そうすれば、秩序に対する愛着がしっかりと子どもの一部になり、その秩序が少しでも乱されることがあると、子ども達はすぐさまそれを正すでしょう。

秩序のない場合は、モンテッソーリ教育を実施することはできないといわれるほどです。

園庭における自由と秩序

園庭における自由と秩序の問題も保育室の問題とまったく同じです。しかし、園庭における子どもの動きは大きく活発で開放的で、ダイナミックです。これに対して、保育室は、どちらかといえば静的でコントロールされて動きも小さく、ちまちましたものという印象を持ちます。この動的と静的な動きの両面が相補い合って、はじめて成果が期待できると思います。

園庭における動きや活動のできる環境

子どもの運動衝動は、子ども自身の筋肉や器官および神経系統のコントロールを獲得するためにあるものです。運動が中枢と結び付いて精神の発達の力となると、モンテッソーリは次のように述べています。「運動器官は成熟の度を加えていくうちに、徐々に精神の命令に従うようになります。精神はやがて、運動器官を働かせ、環境を通してすべての経験を取り入れます。このような経験と運動の行使を通して、動作の協応や協調が生まれ、意志が自分のために働くようになります」。

子どもの場合、「発達する最初のものは精神であり、諸器官は、精神に仕える準備をするのに必要な間ずっと待ち続けています。そして、器官が働き出すと、環境の中での経験を通しての積極的行動が常に助けとなって、精神の新しい発達が起こります」。

知能発達と精神発達は、運動によって助長されるし、また、されなければなりません。また、子どもが運動するとき、「知的目的」を持たないと、内的な導きを欠き疲れを感じるものです。子どもが園庭で遊ぶときに気をつけたいことです。

環境を自分で維持し、支配する自己に満足することによって獲得される能力のうち、尊厳の感覚は人間性にかかわりの大きなもので、「運動の自由」にも伴って起こることをモンテッソーリは指摘しています。

✿　園庭における保育での注意点

・精神が活動して、肉体を使いこなすようにすること。
・できるだけ個別指導に重点を置くこと。
・子ども達の身体的発達の段階別（年齢別）とともに、技術的な到達度別（できる、できない）によって、グループを組み分けた指導が望ましいこと。
・自己の判断によって、自由にやりたいものを自己選択することができること。

モンテッソーリは、宇宙の秩序とその根底にある構造を、子どもがその内面に取り入れて成長すると考え、保育室にも、園庭にもそれを反映したものを備える必要があると考えたのです。この関係を保つためにも、些細なことでも秩序が損なわれないように、維持できるように常に気を配っていく必要があります。

5 環境の構成の基本

※ 環境は、どのように構成したらよいのか

ここでは、保育室の環境について述べてみたいと思います。一般に、保育室の広さは二〇坪ぐらいが標準で、三〇坪ある場合もあります。また、非常に広いホールを利用した場合もあるでしょう。そこで、標準的な二〇坪ぐらいを基準にした場合について述べてみましょう。

モンテッソーリ教育法の実践には、五領域があります。すなわち、日常生活、感覚、数、言語、文化です。これを、一部屋に用意したいとき、どのように考えればよいのでしょうか。

(1) それぞれの領域（コーナー）をどのように配置したらよいかを考えます。原則としては、関連の深いコーナーは、比較的近くか、隣り合わせにすることが望ましいでしょう。

保育室には、部屋の中に水道栓がある場合が多いようです。その場合、水を使うのは日常生活の領域ですから、この場所に日常生活のコーナーを置きます。日常生活に近い領域は感覚の領域ですから、この近くに感覚の領域を置くことを考えます。保育室の入り口からよく見えるような場所で、美しい感覚の教具が目に入りやすいところを選びます。感覚の領域に関連があるのは、数の領域です。感覚の教具に興味を持つ子どもは、やがて数に興味を示すことが多いので、感覚コーナーの近くには数コーナーを置くことが望ましいでしょう。言語に興味を持つ子どももいます。

数や言語に興味を示す子どもは、じっくりと作業に取り組むようになりますから、人の出入りの比較的少ない、奥まった場所がよいでしょう。言語コーナーを、数コーナーの近くに置くこともよいと思います。文

化のコーナーは、数や言語コーナーと関連があるばかりではなく、日常とも関係が深いので、それらのいずれにも近い場所を考えることもできます。

(2) 各コーナーの位置が決まると、その場所に教具棚を置きます。教具棚はいろいろな大きさや形があります。子どもに見えやすいような高さであることが大切です。さらに、この棚に置く教具の数や大きさによっても、教具棚を選ぶ必要があります。

この棚は配置によって、子どもの身のこなしに役立ったり、広いところを走りたくなる子どもの気持ちのコントロールに役立つこともあります。

(3) 棚に置く教具は、込み合わないように間を開けておきます。教具を取り出すときに、子どもの手が隣の教具に触れて秩序を壊すことのないようにするためです。教具と教具の間を適当に開けることが必要です。

(4) 棚の上にどの教具をどのように、どの順序に並べるかが問題になります。教具の系列、系統によって段階の順序に従って並べる必要があります。それは、子どもがある教具のある段階の作業を繰り返しやっているうちに理解が進んで、次の段階が分かるようになった場合、そのときに次の教具が目に入るとやる気を起こし、取り組もうとするからです。いつも教具が目に入っているので、他の場合でも、やってみようと思うことがあるからです。

このように、子ども達のやる気を引き出すように、教師が配慮して環境を整備し、構成することが大切なのです。

3章　教具

1　子どもから学ぶ

先に述べたように、準備され整備された環境をつくって子どもの自己教育力を援助することは、自由を基礎とする教育の目指すものです。

そのためには、まず、子どもに自由を与えます。自由で自発的な活動ができるようにしておくと、子どもは本来持っている自分の真の姿を現すからです。その子どもが、環境の中から、自分自身が必要としている教具を自分で選択します。これを、子どもと教具との出会いと呼んでいます。

では、教具は、どんなものでどのようにつくられるのでしょうか。

子どもの自然な行動を観察し、発達に必要な事柄を観察した中から学び取るようにします。そして、どんなものをどのように与えるとよいのか、どのようにすればより活発に自発的に子どもの活動が引き出せるのか、などについて考えるとよいでしょう。

具体的な例を挙げてみましょう。

一人の二歳未満の子どもが、ドアのノブを持ってくるくると回ししています。「止めなさい」と言われても繰り返します。あまり止めないので叱られますが、それでも親の隙を見てはくり返します。また、別の子は箪笥の小さな鍵穴を見つけて、その穴に指を入れようとしたり、のぞいたりしています。やがて、その鍵穴に、ゴミや小さなものを入れようとします。

これらのことは、幼い子どものいる家庭では日常よく見かける光景です。

私達大人は、これらを見て子どものいたずらと思い、止めさせようとすることがよくあります。しかし、子どものその行動をよく検討してみると、手首を回すための要求であったり、小さな穴や小さいものに注意を向ける行動であったりします。

これらは実は、子どもの成長に必要なもので、大脳の発達に必要な刺激を求めての行動であるとか、精神的基礎となる注意力や集中力を生み出すためであったのだ、という解釈をすることができます。もちろん、これらの行動をそのままにしておこうというのではありません。これらの子どもの行動がそれほどまでに必要なのであれば、その要求を十分に満足させるため、何か別の方法を考えてみようというのです。

たとえば、トレーの上に、ふたを回して開け閉めできる化粧品などの空びんを幾つか用意しておきます（多すぎても、少なすぎてもいけません。大小とりまぜて五〜六個ぐらいが適当）。ドアのノブをくるくる回転させる行動をこれで代用させてみましょう。

子どもの手の大きさ、手首の強さに合った、きれいな化粧品の大小のびんのふたを開け閉めすることは、ドアのノブよりもっと子どもを惹きつけることでしょう。

また、別のトレーには、適当な大きさの胡椒の空びんと、つまようじ数本を用意しておきます。びんのふたの上部の穴から楊枝をつまんで入れるのです。中が見えるように、びんは透明なものがよいでしょう。これで鍵穴にゴミを入れる必要はなくなります。

これらの事例から考えると、子どもは、自分の発達に必要なものを教えてもらわなくとも本能的に知っているように思えます。ある意味では、大人にそれらのものを求めて行動で訴えようとしているのだ、と解釈することができます。むしろ、大人の方がその行動の持つ意味を理解することができなかったとも考えられます。言い換えれば、子ども自身の内に、自己教育力とでもいえる能力があるのです。私達大人は、子どもの行動をよく観察していれば、子どもの発達に必要なものを学び取ることが可能となります。そして、子どもに必要なものを準備して環境を整備することができます。

このようにモンテッソーリ教育法では、「子どもから学ぶ」、そして「環境を整備する」ことを大切にしています。

ドアのノブの回転や、鍵穴にものを入れる子どもの行動から、私達大人はその行動の意味を学び取るようにしなければなりません。子どもの発達に必要な欲求に、最も適切に応えるものを身近にあるものの中から選び出し、あるいは組み合わせて教具をつくります。

こうして、子どもの発達を助けるために吟味され準備されたもので、さらに、教育的な効果を持つと認められるものを、「教具」と呼んでいます。

私達大人は「整備された環境」の中に教具を置いて、子どもが教具に出会うのを待つようにしたいものです。

日常生活：あけうつし（小豆）

2　モンテッソーリ教育における教具

モンテッソーリは教具をかなり広い意味にとらえているようです。子どもが生活している環境の中で出会い接触するものはすべて、発達を助けるものとなるという意味で、教具であると考えることができるというのです。また、これらはすべて教具であると同時に、その国の文化、習慣、伝統を踏まえたもの、すなわち、文化財であるとも指摘しています。

しかしここで取りあげる教具は、子どもの家、幼稚園、保育所、施設など、子どもの保育にかかわるところで見られるものを指します。

教具が備えていなければならない条件について述べましょう。

※教具の備えていなければならない条件

教具は、子どもの発達を援助するものであるとともに子どもから学んだものです、とモンテッソーリは主張します。子どもから学ぶという姿勢は、モンテッソーリ教育の底に流れる基本的姿勢です。モンテッソーリは「この教育法は、私が考えだしたものではなく子どもから学んだものです」と述べているほどです。

子どもから学ぶという言葉の意味する内容は、複雑であって、誤解されやすいかもしれません。しかし、その意味するところは、経験豊かな保育者が「私は、子どもから教えられました」と感概深げに話される感じとほぼ同じ意味だと思えば、かなり正確に理解することができるでしょう。

このことは、子どもが実際にしていることを見たり、子どもがやっている方法などを通して、私達も知ることができるでしょう。

子どもの観察を通して知った方法で援助した方が、子どもの助けになる

日常生活：掃く

のだということを、子どもから教わります。すなわち子どもから学んだというのです。これらは、大人が頭の中で考えたものとは違っている場合があるという意味も含んでいます。

教具が備えていなければならない条件とは

(1)　子どものサイズであること

子どもが生活する場、環境の中にあるものは、子どものサイズのものでなければなりません。そうでなければ子どもが十分に取り扱うことができなくなり、そのために興味もわかず、時には感覚器官の発達に害になることさえあります。子どものサイズは、子どもの能力に適していることが大切です。このようにすることは、機能の発達を援助することにもなります。

(2)　美しく魅力的であり、子どもの興味を惹くものであること

大人がそうであるように、子どもも美しいもの、魅力的なものに心を動かされるようです。これは大人達の影響かもしれません。環境の中にある美しく魅力的なものには目が止まりやすいし、子どもの興味を引き出しやすいでしょう。魅力的であることは、子どもの自発的な自己選択を促すために必要な条件とされています。

(3)　単純で目的がよく分かること

複雑なものは、目的以外のものに目がいきやすく目的から外れることが多くなります。単純で目的そのものが浮かび出るように、他は背景に沈むように配慮することが望まれます。

(4)　困難は一つだけであること

子どもの機能の発達の状態を考慮に入れると、目的を果たすためには困難が一つだけにされていることが

大切です。困難が幾つも重なってくると幼児の活動には不向きです。幼児の発達の特性上、困難が二つ以上重なるときは問題の解決が不可能になるのです。このことは、ピアジェの幼児の実験でも証明されていることです。

たとえば、子どもがハサミで曲線を切る場合を考えてみましょう。はじめてハサミで紙を切る場合、まずハサミのどこに指を入れ、どう持つかも知りません。次に指の力が問題になります。指に力を入れて、ハサミを開いたり閉じたりすることができなければなりません。一回だけできたとしても二回、三回と続けるのはさらに難しいことです。徐々に直線が長く切れるようになります。しかし曲線を切るためには、ハサミや紙を巧みに操作できなければなりません。このように大人にとってはごく簡単なことでも、幼児にとっては多くの困難があるのです。それらを一つずつ克服しなければできないことを、大人はもっと知る必要があります。

そこで、困難を一つだけ孤立させた教具（教材）が必要になります。目的を一つにした、一段階ごとの教具を与えますと、（この敏感期にある）子どもは自ら進んで困難を一つずつ克服しながら、自発的活動を続けていくことができます。つまり子どもの活動を援助したことになります。

(5)　系統性、関連性があること

モンテッソーリ教育では、自発的、自主的活動が重ん

感覚：ピンクタワー

じられています。そのために教具には、系統性、関連性が必要であり不可欠な条件となっています。子どもは、現在の興味に従って自己選択したものを繰り返し使い、習熟してくると次第に興味を失い、次の興味へと向かいはじめます。

モンテッソーリは、「現在の仕事に集中しているときには、すでに次の準備が行われているのです」と述べ、子どもの内的変化を認めています。すなわち、子どもの内部では、次に何をしたらよいのかの方向性が生まれているのです。そのため関連ある次の段階との出会いが、教師によって準備されなければなりません。現段階から次の段階に向かう過程には関連があって、新しいもう一つの困難が含まれた教具が用意される必要があります。注意しなければならないことは、ちょうどよい程度であることが必要です。幼児にとってやさしすぎたり、難しすぎることがない程度というのが大切です。

次に何をするかが分かり意欲がわく、内的な変化に対応した次の段階の教具、これら一連の系列を教具の系統性といいます。これは教具に必要な条件の一つとなっています。

(6)　誤りの訂正が含まれていること

子どもは教具を取り扱いながら多くの経験を積み重ねていきます。そうした経験の中で、子どもが自分自身で誤りを見つけ出し、自分自身で訂正することができるようにする必要があります。それは誤りを他人から指摘されるより、自分で発見して、自分自身で訂正できれば劣等感に悩まされることがないからです。それどころか、自分で誤りを発見し訂正できたときには、自分でやったという実感から、成功経験の価値が倍増しそのために自信をつけ、この自信は、次に進む意欲を育てるための援助となります。

教具は、教具自体が誤りに気付かせる働きを持つ場合が多いのですが、教具によっては、それを教具の内部に組み込めないこともあります。その場合には、教師が誤りの訂正をしなければならないことになります。そんな場合にも、誤りの指摘は、子どもに劣等感を感じさせない配慮が必要なことは言うまでもありません。

三者の出会い

モンテッソーリ教育を実施する場合、子どもと物的環境（教具など）と、さらに人的環境（親、教師など）の三者の出会いが重要です。子どもは、自己活動を通じて自分自身の人格を形成していくからです。十分に配慮された教具が環境の中に準備されていたとしても、もし、教師と子どもの出会いが不十分であれば、これらの教具はまったく生かされないのです。三者の出会いがうまく果たされないときは、子どもは目につくものを手当たり次第に、自分の衝動のまま、何のつながりもないつまみ食いのように、あれこれと教具に触れます。これでは、教具があり教師がいても、子どもの人格形成のために十分な効果が得られないのです。

3　提示について

整備された環境の中から子どもが自己選択した教具は、教師の援助によって子どもにその取り扱い方が示され、子どもは作業に入ります。この援助を提示と呼んでいます。

子どもが自分自身で教具を選ぶことができなくて（逸脱発育している場合）困っているとき、また、子どもが衝動によって教具を無茶苦茶に取り扱っているときは、教師はこれを止めさせ、これはこう扱うのよ、と示すようにします。これは、ものにはそれぞれ特有の使い方があるので、それを示すことにもなります（社会化につながっていきます）。教師が子どもを誘って教具を提供することも必要です。

※ 教師の援助（提示）

提示には、教具を媒介にしながらの二つの出会いが意図されています。一つは子どもと教師の出会い、もう一つは、子どもと教具の出会いです。教具が、子どもの内面形成に役立ち、生きたものとなるか否かの鍵は、この出会いの内容がどのようなものであるかにかかっているのです。特に教師と子どもとの相互のやりとり（応答）は、非常に重要なキー・ポイントといえるでしょう。

教師は、提示に際して子どもの発達状況をよく把握した上で、その子の興味や要求に適した提示（保育現場での提示）をしなければなりません。子どもは提示を受けて自分の発達や能力によって、受け取った提示の内容を自分自身の活動（自己活動）として展開していきます。教師の提示にどう反応するかは子どもに任されています。

子どもの活動を見守る（観察）

教師は子どもの反応（活動の様子）を見守り、提示を理解したかどうか、どこに興味を持ったか、子どもの困難さはどこかなどを観察します。

この観察によって教師は子どもの内面の動きを知ることができます。子どもの要求に従って次の階段へ進むこともあれば、自己活動へのすすめ（誘いかけ）をしてから作業を終了することもできます。

いずれの場合にも子どもの自発性を中心にし、教師は子どもを助け、互いにやりとりしながら行います。

❋ 提示とは

子どもは何かをしようとしても、どうしたらよいのか、その方法を知らないことが多いのです。そこで、子どもがやりたいことをするためには、これはこうしたらいいよと、その方法を示すことが大切です。そのとき、最も大切なことは、子どもの能力にあったやり方で示す必要があるということを忘れないことです。

そして次に大切なことは、教師が示したものを子どもは自分なりに理解したやり方で実践しますが、それは、子どもに任せておかなければなりません。無理に訂正しないようにすることが大切です。

これは、子どもの場合、教師が示してくれたように動くには、機能が未だ十分に発達していない場合が多いからです。ここにも、子どもの自由を守る大切なポイントがあります。

❋ 提示する場合の注意について

(1)　子どもの敏感期に合った作業であるか

子どもが自己選択した作業がその子の敏感期に一致していれば、集中した反応を示します。そうでない場合は、できるだけ簡単に示すか、話をして、別のものに誘うのもよいでしょう。子どもの行動の観察を続ける必要があります。

(2)　作業は、どの段階までできているか

子どもの教具の選び方が、段階的、系統的か、またはつまみ食いか、選んだ作業の今までにできた内容を

確認し、次の段階を示します。

つまみ食いの場合は、興味点や困難点を観察して、子どもの敏感期に合ったものを見つける援助も必要でしょう。

(3) 子どもの内面の観察をしているか

子どもの作業を観察して、子どもが教師を必要としているか、また、興味点は何か、困難点は何か、できない理由は何かなど、細かい点まで配慮をするように心掛けましょう。

子どもの内面の変化を観察することが重要です。

(4) 子どもの内面に働きかける提示について

モンテッソーリ教育の提示は、単なる方法を教える手段ではありません。モンテッソーリ教育は本来、子どもの人格形成を助けることを願っていますから、単に方法を教えればよいというものではなく、子どもの内面に働きかける提示であってこそ、人格を形成するための援助が可能になるのです。

子どもの内面への働きかけ

それでは、どうすれば子どもの内面に働きかける提示ができるのでしょうか。

たとえば、紙に線を引いた用紙があります。これは〝切る〟という作業の一つの段階に使用するための補助教材です。教師がこの紙の切り方を子どもに提示するとしましょう。

第一の場合は、教師が「これは線に沿って切るのよ、見ててね」といって、ごく無造作に線に沿って切り落として、提示したとします。子どもは先生のやったように、無造作に線に沿って切り落としていくでしょう。

第二の場合は、教師が「これは線に沿って切るのよ、見ててね」といって、一心に線を見て、ハサミで慎重に線に沿って切っていき、集中した姿を子どもに見せながら提示しました。子どもは先生のして見せた通りにまねて、集中して紙を切りました。

この場合に、どちらが、子どもの人格形成の援助になる提示かは明らかでしょう。

第二の場合は、提示の目的である精神の機能の助けを果たしている提示であるといえるのです。

モンテッソーリ教育の提示は、すべてに目的が明記されています。教師はこの目的を十分に受け取り、よく考えて意識することが大切なのです。教師が子ども達へ提示をするときに、直接目的、間接目的のどの点を具体的に、どのように表現しているかを見ることによって、その提示が、子どもの内面に働きかける提示であるかどうかを判断することができるといってもよいでしょう。

教師の思いを通して、子どもは人との真の触れ合いを感じ取っていくことができるのです。

❁　働きかけをする際の注意点

・子どもが思わずやってみたくなるように提示すること。
・提示は簡単、明瞭、正確で曖昧さがないこと。
・提示は無理なく、無駄のない自然なものであること。余分な動作を入れないこと。
・ゆっくりと、順序だっていること。行ったり戻ったりしないこと。
・困難が一つ（困難の孤立）であること。
・教師の言葉は少なく、言葉と動作が一緒にならないようにすること（ものを言いながら、何かやって見せたりするのではなく、言葉と動作を分けて行うこと)。
・子どもに、無理にさせられているというふうに感じさせないこと。
・自主的活動に結び付けること。
・子どものペースに合うように、間を取ったり待ったりすること。

※提示の組み立て方

(1) 提示はどのように考え、つくり出されるのか、要点を次に箇条書きに示します。

① 作業の目的を決める。
② 困難点、興味点の分析をする(子どもにとってどこが難しいか、どこに興味を持つかを考える)。
③ 子どもの年齢(適応年齢、興味を示す子どもは何歳ぐらいか)。
④ 誤りの訂正を考える。
⑤ これでよいかどうか、実際にやってみてチェックする。

(2) (1)を考慮して、次のような順序で決定していきます。

① 細かい部分の動作をできるだけ客観的に示す。
② 提示に必要な動作を子どもにやって見せるときに、それ自体、自然に繰り広げる生活行動の一部として行う。
③ 予想しないことが起きても(仮に、子どもが失敗したとしても)、子どもが対応していけるような手段を提供する。

④　順序よくやってみせるには、どのようにしたらよいか。
⑤　できるだけ子どもの創造的な要求を妨げないようにする。

※提示の必要条件

提示は、どのような部分から構成されているのかを示すと、次のようになります。

(1)　準備の部分（教具をそろえる）
①　教具の点検、必要な内容がそろっていることを確認する。
②　じゅうたんを敷くのか、机でする作業かを判断する。
③　そして教具を運ぶ。

(2)　主作業の提示の部分
①　導入の言葉。
②　前段階のチエック。
③　新しい提示に入る。教師が示し、子どもが見て同じように行う（子どもなりの理解に従って）。主作業の目的のポイントになっている部分は、特にゆっくりと分かりやすく示す。主作業終了。

(3)　片付け部分
①　後片付けに入る。
②　締めくくりとして、主作業の内容を確認する（言葉で締めくくる）。
③　自己活動への言葉かけをする。

④　元あったように棚に戻す。

これら一連の作業のサイクルを完結することが大切です。このことは子どもの人格形成の基礎を築くために役立つとともに、社会性を育てる上でも大切な役割を果たすものです。中途半端は一番避けたいことです。

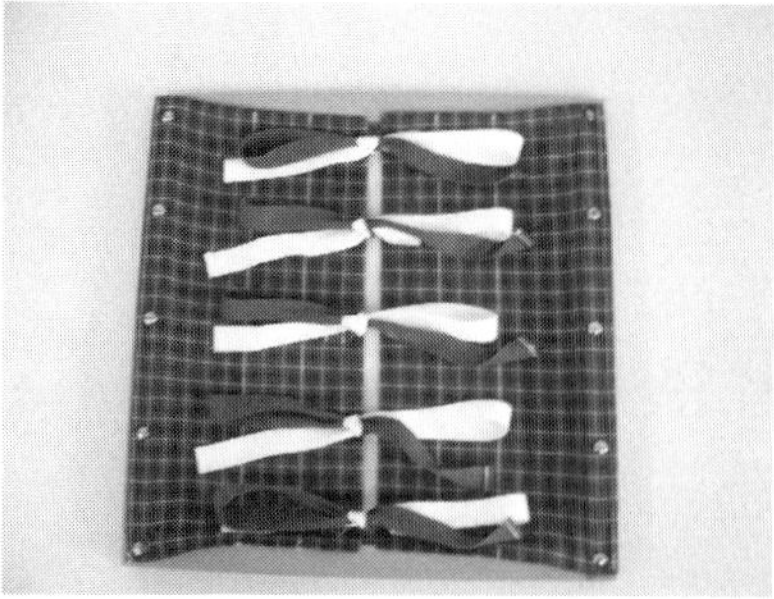
①蝶結び

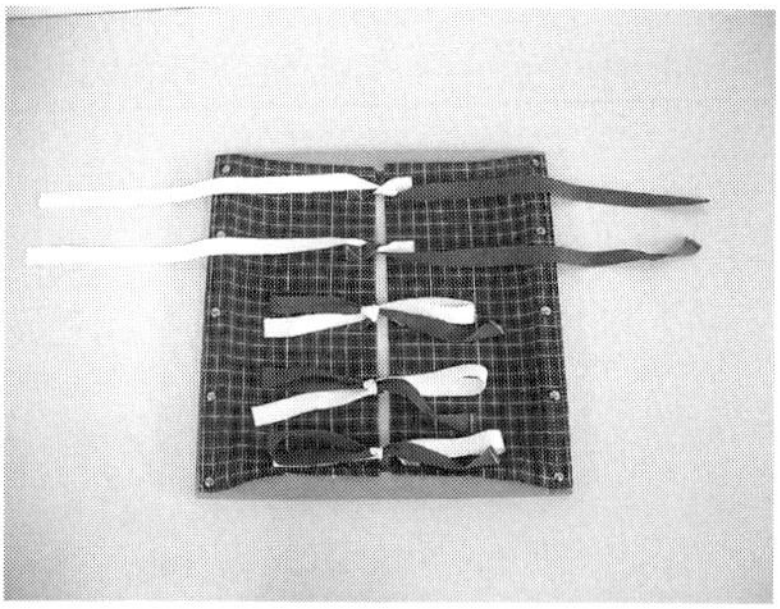
②白紐と赤紐の先端を左右に引く

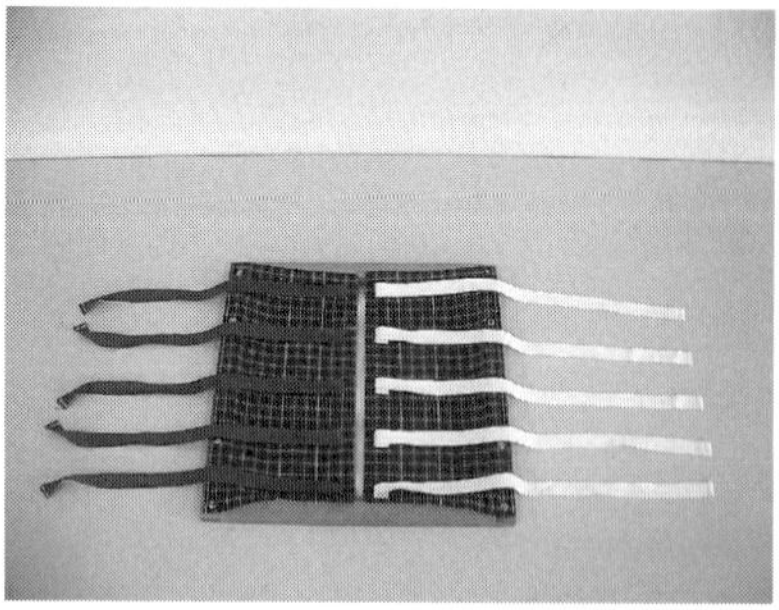
③結び目をといて左右に延ばす

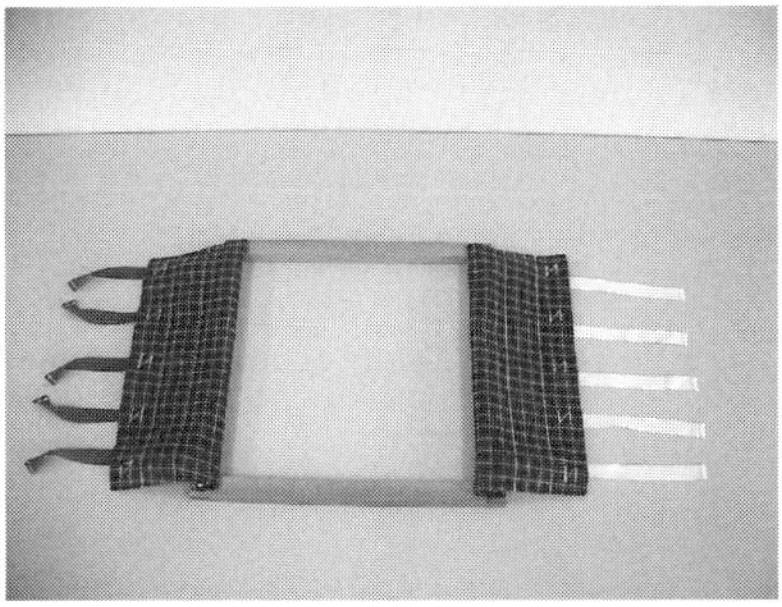

④とけていて開けることの確認

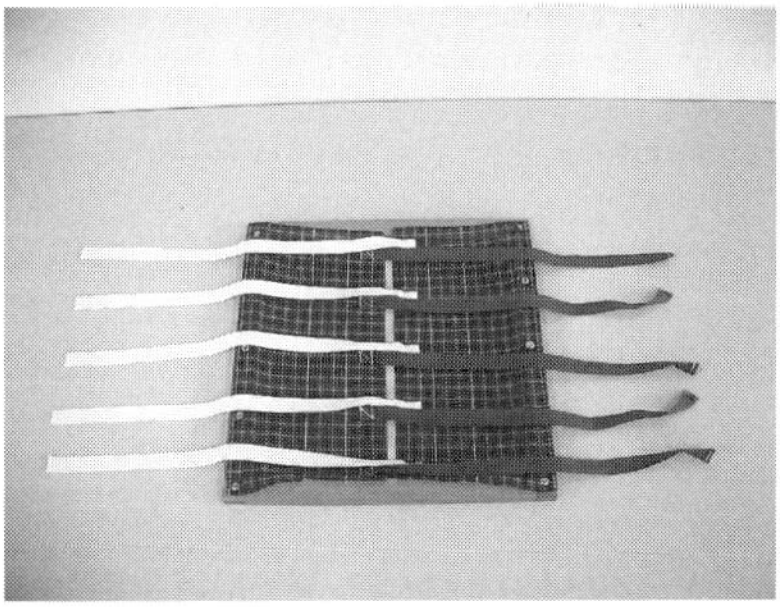

⑤左右から紐を交差させる

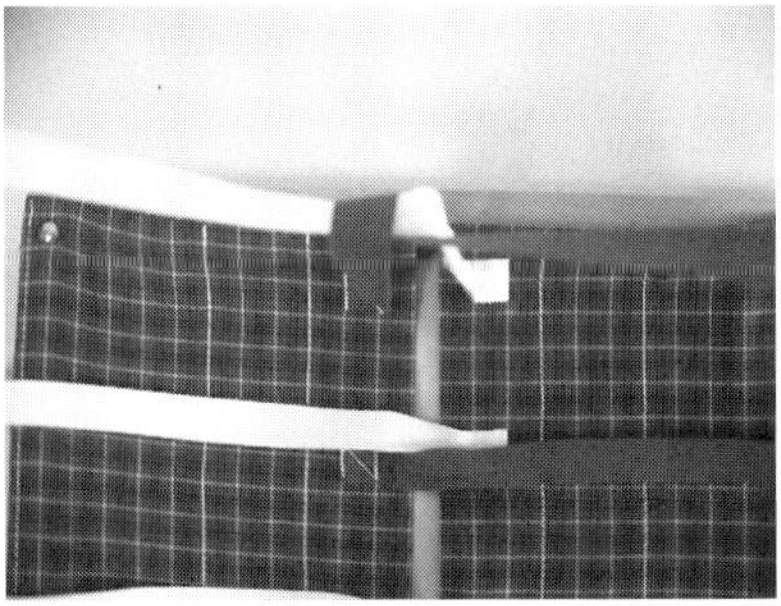

⑥結び目を作るために輪をつくって通す

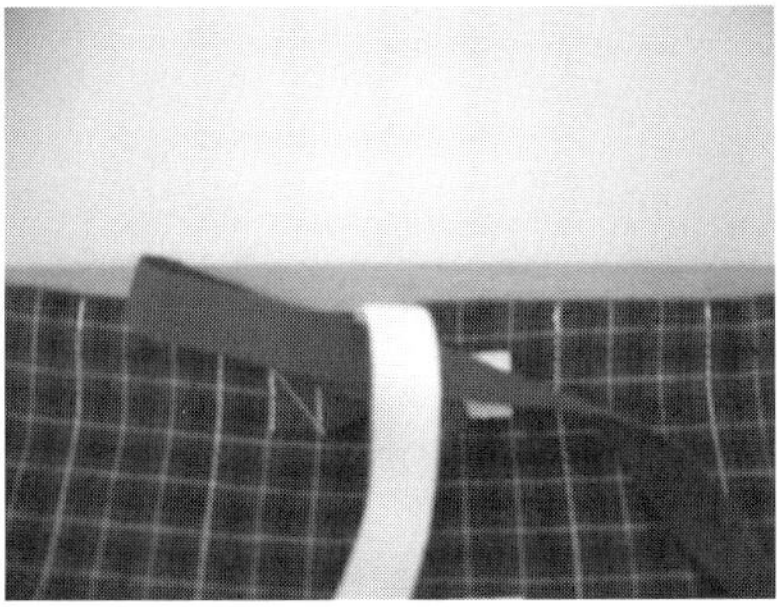

⑦赤紐で輪をつくり、白紐をかける

⑧白紐を赤紐の輪の中を通して少し出す

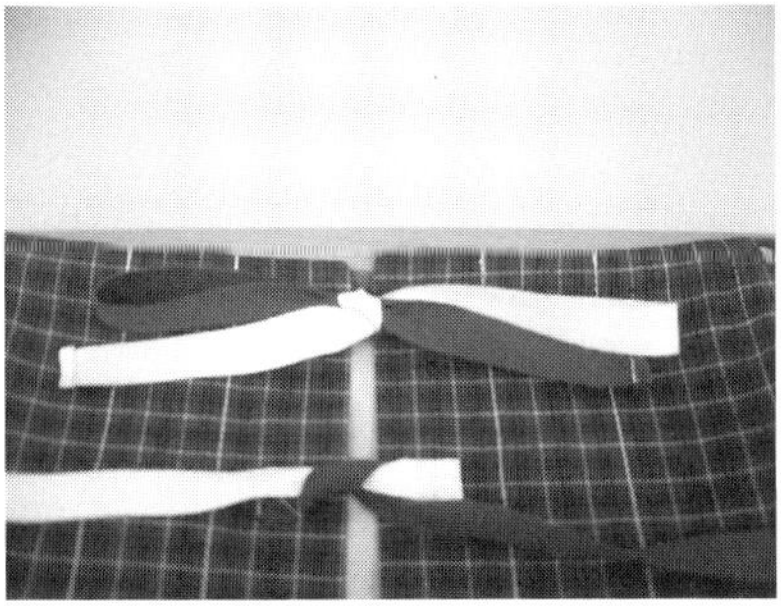

⑨赤白の輪を左右に引いて結ぶ

4章　教師

モンテッソーリは、講演やコースの講義の中で、教師が心得ていなければならないこと、その在り方について、それぞれ重要な指摘を随所に述べています。その中にはたくさんの珠玉の言葉を見出すことができます。

次に、教師に基本的に重要と思われる条件について、モンテッソーリの考えを述べましょう。

1　モンテッソーリ教育の教師

※ 新しい先生

モンテッソーリは、教師に「新しい先生（director/directress）」という新たな呼び名をつけました。それは、教師は〝教える〟よりも、子どもが本来持っている自然のエネルギーを〝導き出す〟方向付けの援助をする人だと考えたからです。

「director/directress」と呼ばれるこの教師は、どんなことを心掛けなければならないのでしょうか。新しい子ども達（正常化される子ども達）と新しい先生の関係についての私自身の考えや、スタンディングの「モンテッソーリ教師」などを紹介してみましょう（以下の先生は新しい先生を指します）。

(1) 先生は子ども達との関係の中で必要なものを、内面的・精神的に準備しなければなりません。

子どもの人間としての深い意味での尊厳に対して敬意を持つこと、謙虚さを身につけ、子どもに仕えるこ

日常生活：紐を引いて重い袋を引き上げる

とを学ぶ人です。

子どもに仕えるとは、生命に仕えることです。人は、生命という人間の業を越えたものに仕えていると、次の段階、すなわち超自然へと高められていきます。子どもに仕えるとは、無理解や抑圧から解放されなければならない精神に仕えるのだと感じることです。

子どもは吸収する学びをするもの、自分を創造する時期にあることなどを思い起こしましょう。そして、子どもの無心さと清らかさ、一つのことに集中する態度、真実を受け入れようとする態度、疑うことのない完全な信頼など、大人がまねできないものを持ち合わせていることなどを考えると、子どもの持つこのような特性はとても大切だと分かります。

子どもが自分の内面の手引きに従って、自分に仕事を課せるようになるときに、「私は創造によって差し向けられた仕事を果たすように、この生命を助けました」と言えるのです。

これらは、教師の、純粋に自己完成を目指す努力を通してのみ得られるものです。

(2)　子どもを見る目を養う必要があります。そのためには、子どもをよく観察することです。観察した外面的な事実から、子どもの内面の変化を推察できるようにならなければなりません。子どもの発達過程を知り、理解すること。また、子ども達の自発的な活動に対して、新しい理解を持つ必要があります。

モンテッソーリのコスミック教育は小学校課程だといわれていますが、モンテッソーリ教育の出発点であり、また、終着点でもあるのです。

(3)　この思想は、モンテッソーリ教育の根本的な考え方を示すもので、モンテッソーリアンの目指すものといえるでしょう。

この思想とは、地球に生きる人間が宇宙を構成する一員であることを自覚することです。そして、宇宙の内的な関係や関連性に目覚めるとともに、宇宙的調和の思想のもとに人間と人間以外のすべての生物をも含めて、人類の平和と幸福を願うことです。

これらのことから、モンテッソーリ教育は、自らの使命を探求する人間の育成を目指す教育であるといえるのです。

この自覚の上に立って、人間としての使命に目覚めることが新しい先生にとって何よりも大切な努めなのです。

※ 新しい先生の特色

(1) 先生は整えられた環境の管理者であり、保護者であるように心掛ける必要があります。

(2) 先生は、眠っている子どもの魂を目覚めさせる、生き生きとした存在として振る舞いなさい。そのために、自分の教えている内容に熱心でありなさい。

(3) 混乱状態に陥ったかのように、落ち着きのない無秩序な子ども達の心を惹きつけて、作業に向かわせるのは先生の温かさです。先生の温かさによって子どもを心から元気づけ、活気づけるのです。温かい炎が子どもを惹きつけるように子どもに接することです。

(4) 大人は、子どもの不完全さを暴こうとし、大きな欠陥を見つけると、それを正そうと一生懸命になります。そのことが子どもに対する横暴さを生むことになります。

また、権威の座にあり何の批判も受けることのない人も同様で、この誰からも咎められない権限を自分の権利と思い込み、それに対する違反を許せなくなるときに、人は横暴になります。

子どもを見る目をゆがめる二つの原因としてモンテッソーリは、

①　自尊心―うぬぼれの強い人間

②　怒り―短気な人間

を挙げています。注意したいことです。

(5)　先生には知識、忍耐、観察力、識別力、気転、経験、思いやり、慈しみの気持ちが必要です。

(6)　権威は必要です。しかし、それは、分別と思いやりに支えられた、指導的な知識として現れるものです。子どもが安心して、それに訴えかけられるものです。いけないことはいけないと、はっきりと言いきれる強さを持ちましょう。

(7)　子どもを受け入れるとき、子どもの今のありのままを受け入れましょう。そして、「あなたも今に、皆と同じようになれるよ。いいのよ、頑張ってね」と励まし、精神的安定を助けるように努力をしましょう。

(8)　子ども達が作業のきっかけがつかめずにいるときには、先生は指示や指導で忙しくなりますが、信じて待っていれば、時間がたつにつれて子どもは積極性を増しますから、そのときには先生は消極的になることが大切です。

(9)　子どもが、しつこく他の子どもの邪魔をしているときには、それを止める必要があります。それは「止めなさい」というのではなく、別の方法を示すことです。「ちょっと、これを手伝ってくれない」、「いいからとにかく庭に出ましょう」などと言うとよいのです。

(10)　子どもは遅かれ早かれ、真の姿を現すようになるのだという信念を、勇気を持って抱き続けることが大切です。

(11) 干渉しないとは、どのようにも干渉しないという意味です。声を掛けることもせず、一瞥するときも子どもに気づかれないようにします。

(12) 先生は、荒っぽい動作や、わざとらしい静かな動作を避け、その声は穏やかでやさしくて低いことが望まれます。

(13) 子どもが作業をしていて誤りに気づかないときには、慎重にする必要があります。言葉を掛けた方がよいときと、見守るほうがよい場合とがあるからです。

(14) 「教えながら教えなさい。訂正しながらではありません」というのは、子どもが自らの誤りに気づくように導きながら教えなさいという意味と、あきらめないで辛抱強くかかわりなさいという両方の意味なのです。

(15) 子どもが空想や幻想のとりこになるときは、現実に引き戻す必要があります。そのままにほっておくと、子どもが自分の内面の世界や外の世界を探究するときに必要な、自己鍛錬や安心感が得られなくなります。また、洞察力と識別力を持った目で生活を観察できなくなるからです。

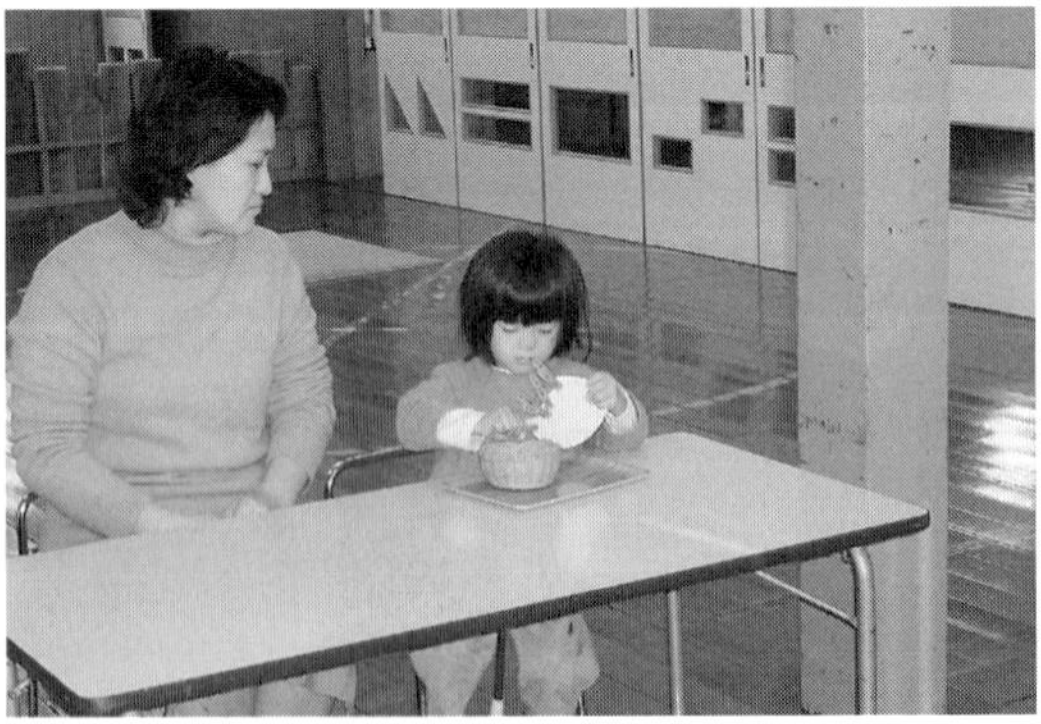

教えながら教える

(16) 子どもの同意を得ることは、相手の意向を尊重することです。それは子どもの構え（防御姿勢）を解きほぐし、受け入れを容易にするためです。

このやり方を勧めるのは、この方法が子どもの自発性と理解を助けるという、長い経験に基づいているからです。こうしなさいと教えられたからではありません。

※ モンテッソーリ教師の12の心得（コースの講義で示されたものです）

(1) 環境に心を配り
(2) 教具やものの取り扱いを明快、正確に示し
(3) 子どもが環境との交流を持ちはじめるまでは積極的に、交流がはじまれば消極的にし
(4) 探し物をしている子や、助けの必要な子の忍耐の限度を見守り
(5) 招かれたらよく聞いて
(6) 困っている子には近づき
(7) 子どもの作業を大事にし、中断や質問を避け
(8) 子どもの間違いは、直接に訂正せず
(9) 休んでいる子どもや、他人の作業を見ている子どもには、無理に呼んだり作業を押し付けたりせず
(10) 作業を嫌がる子どもや、知らない子ども、間違っている子どもには、忍耐強く作業に誘い続け
(11) 教師を探し求める子どもには、そばにいることを感じさせ、感づいている子どもからは隠れるようにし
(12) 作業がすんで、快く力を出しきった子どもには、精神的な魂の静けさを送りながら現れなさい

教師や親は、少しでもこの目標に近づけるように、お互いに助け合い、励まし合って進んでいけるように努力しましょう。

2　応答的対応（子どもとのやりとり）

❀　発達に合ったやりとり

ハント（※参照）は、先生と子どもとの一対一という場合での、相互の応答的対応（やりとり）の重要さを強調しています。

子どもとのやりとりでは、子どもの能力に見合った刺激の量（あるいは、それより幾分多め）を与えることが大切です。刺激が子どもの能力を大幅に超えてしまうと、応答的対応は成立しなくなるだけでなく、子どもは抑圧を感じたり、刺激に無関心になったりするからです。子どもの能力に見合った刺激は、能力を伸ばしたり意欲や信頼感などを培っていくことができるとハントはいいます。

モンテッソーリ教育法においては、提示は子どもの自発性を大切にしながら、援助する方向へと進められます。このときにも、ハントのいう応答的対応（子どもとのやりとり）が大切であると考えられます。ハント自身は応答的対応の重要さを述べながら、子どもの自発性については、あまり触れてはいません。しかし、ハント自身が子どもの内発的動機に注目しています。モンテッソーリが提示で子どもの自発性を大切にする点から見ても、応答的対応は、子どもとのやりとりの一つの方法として実践してみるとよいと思われます。

さらに、ハントもまた、子どもは環境との相互作用によって発達すると述べています。子どもと教師との出会

数：数字と玉

いにおいても相互作用が大切です。私自身も、この相互作用での子どもとのやりとりが非常に重要であると考えています。さらにハントは、応答的対応が子どもの内発的動機づけ（自らやる気）を育てるのだといいます。それでは、ハントの内発的動機づけについて述べてみましょう。

ハントの内発的動機づけ

ハントは、内発的動機づけは生後一年ぐらいの間に、次に掲げる三段階を経て発達すると述べています。

(1)　生後すぐから三、四か月ごろ（定位反射）

この時期、子どもは自分を取り巻く環境の変化に対して反射的に反応し、自分に向かってくる刺激に受動的に反応します。子どもの反射を呼び起こすような変化が見られる環境であれば、子どもは、その変化に対して反射行動を引き起こし、環境との相互交渉を密にしていきます。その過程の中で、子どもは記憶の働きによって、周りの世界についての情報を貯えていきます。

(2)　生後四、五か月ごろから（再認の喜び）

この時期は、自ら進んで見る、自ら聞くというふうに、能動的に活動をはじめます。定位反射の時期に変化に富んだ環境に出会い、周りの世界についての知識や情報を貯えた子どもは、自分の持っている知識や情報を再認しようとします。自分が知っているもの、経験したものに、今一度出会うことに喜びを感じるとともに、興味や関心を示した対象に繰り返し働きかけてものの本質を理解しようとするのです。

(3)　生後一〇か月ごろから（新奇なものへの興味）

子どもは、生後一年ごろには、「新奇なものへの興味」を表すようになります。そして、この後、長い期間にわたって新奇なものへの興味を持つ内発的動機づけに基づいて行動していくようになります。

このように、子どもの内発的動機づけは、生まれた後の環境の中で、つくられていくものであるというのです。これらの時期の特徴は、子どもの行動の観察を大切にする私達も認めることができるものです。ハントのこれらの指摘は、観察に役立つものとして注目するとよいでしょう。

ハントの発達理論によると、彼は環境の役割を重視した相互作用説を展開し、「内発的動機づけ」を重視し、環境がやる気を育てるとしています。

彼は、ある種の遺伝的能力を持って生まれた子どもは、その能力を使って環境に働きかけ、環境からの刺激を受け入れ能力を伸ばしながら、さらにその能力を使って環境に働きかけ、成長発達を遂げていくといいます。そしてこのダイナミックな相互作用の発達理論から、子ども自らの環境に対して働きかける力を引き出し、環境からの刺激を通して、相互作用そのものを活性化させると主張しています。

これらの考えは、モンテッソーリ教育の考え方にかなり近いものです。このことからも分かるように、モンテッソーリ教育は決して古いものではないことに気づいてください。

彼はモンテッソーリ教育にも関心を持ちかなり好意的です。彼の応答保育の考え方は、非常に参考になりますので、あえて付け加えることにしました。

※ハントは、ピアジェやブルーナと並ぶ、現代心理学の代表的存在で、乳幼児教育の視野を開いた、アメリカ発達心理学会の会長を務めた人です（J.McV.Hunt）。

5章　日常生活の領域

動きを通して、生活に適応するために

これまで、子どもはどのような存在であるのか、どんな発達をするのか、子どもには援助が必要であることなどについて述べてきました。

そこで、具体的にどのように、子どもを援助したらよいかについて考える段階にきました。

1　実践の五領域

モンテッソーリ教育法では、具体的に援助する方法を、教育の領域の特徴によって次の五領域に分けています。

日常生活の領域、感覚の領域、数の領域、言語の領域、文化の領域です。

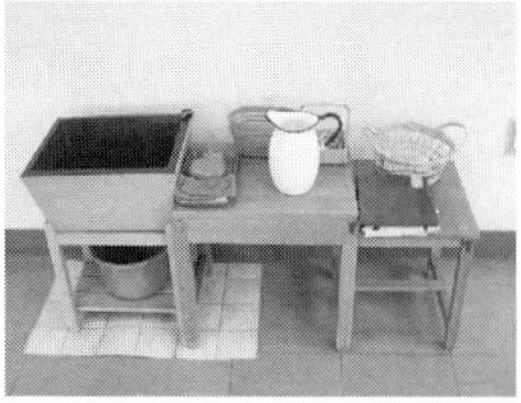

日常生活：洗濯のセット

感覚：基本三図形

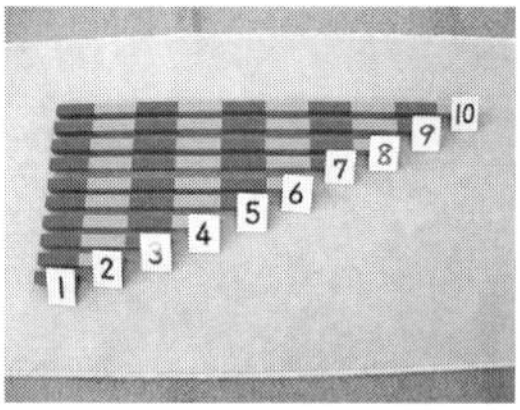

数：数の棒と数字カードの一致

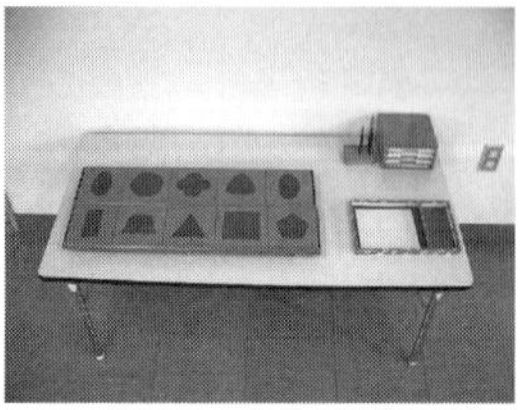

言語：メタルインセット

文化：土と水の地球儀（地理）

モンテッソーリ教育法では、日常生活の領域を教育法の基本に据えています。そして、あらゆる領域をこの基礎の上に打ち立てました。

日常生活の領域がなぜ基礎になるのでしょうか。

それは、子ども自身が動くことによって発達する、動きの敏感期にいるからです。さらに、日常生活におけるさまざまな動きは感覚器官を使いますが、器官を使うことによって、さらに感覚器官は発達します。また、日常生活の領域において子どもはいろいろな生活活動ができるようになり、そのことによって、彼らのやる気も育っていくからです。

吸収する学びについても思い起こしてください。

動きに関することのすべては、生活する、生きることの中に見つけることができます。乳幼児は、私達大人と生活することで、いろいろな動きを自然に吸収していきます。そして、生活できるようになっていきます。子どもは、動くことによって身体的に筋肉を、さらに感覚器官を発達させていくのです。子どもは、ただ動くことに興味を持ち、喜びを感じています。それは、発達をもたらすものであることを自然に感じているからです。このことを子どもから学んだモンテッソーリは、日常生活を基礎と考えるようになったのです。

モンテッソーリ教育法は、それぞれの領域の作業ごとに、目的をはっきりと示しているという特徴があります。

各領域の目的は、作業ごとに直接目的と間接目的に分けて示されています。

直接目的とは、直接的に到達する目的として意図され、行動を方向づける目標です。間接目的とは、直接目的の延長線上で、やがて到達するある意味での遠い目標を目指すものです。

このことは日常生活の領域においても同じです。

しかし従来、日常生活の領域の間接目的として掲げられていたものは、子どもの教育においては、むしろ、真の目的として考えられるものです。そのために私は、直接目的の中に間接目的をも包括して統一し、日常生活の目的とした方が適切であると考えています。

その理由は、モンテッソーリ教育法では、子どもの日常生活の中での活動が人間教育の基本であるとして重視されているからです。

2 日常生活の領域

※ 日常生活の領域の目的

(1) 生活する手段を身につけること（生きる、生活に適応する）

子ども達が生まれ育つところの習慣や伝統を身につけることによって、その社会に適応できるように、生活そのものを学ぶとともに社会性をも身につけるためのものです。特に、生活の中には、その国、またはその地方特有の文化があります。それらを自分のものとして身につけ、支障なく生活ができるようにします。これは、子ども自身が自分の身体を動かすことによって獲得していきます（環境へ適応する）。

このとき、子どもが身体のどこを、どのように使い、動かすかを観察する必要があります。動きそのものがまんべんなく発達するように援助するためです。

切る：ハサミを使う

(2)　動きを通して、感覚器官を鋭敏にすること

子どもの動きは、生活としての活動によって得られます。生活としての活動は、身体を使っていろいろな動きをするので、動きが感覚器官を刺激することになります。この刺激が、感覚器官の発達を促すことになります（ピアジェの感覚運動期など）。

子どもの感覚器官は、各器官とも一応完成された器官として備わって生まれてきていますが、ただ、視覚だけは見る経験を繰り返すことによって次第に発達し、正常な視覚が獲得されていきます。必要なことは、動き（運動）によって、使用する感覚器官の働きを互いにつなぎ、まとまりをつくる（体制化、組織化）ことで、それらは精神機能の発達を促すことになります。これは、大脳の発達と平衡しているからであるといわれています。

(3)　感覚の発達に伴う精神機能の育成と発達

感覚器官が発達するにつれて、いろいろな精神的機能が働くようになりはじめます。たとえば、長い、短いが分かり、大きい、小さいが分かるようになると、比較が可能になります。こちらが長い、こちらが大きいという判断ができるようになるのです。判断ができるということは、心の働き（精神機能の働き）が生まれたことを意味します。

ここで大切なことは、子どもの判断力、注意力、集中力など、精神機能の働きは教えることによって生まれるのではないということです。それらは、子どもの内発的動機づけ（前出のハントの項参照）に基づいて、子ども自身が身体を動かし活動する中で、感覚器官がそれぞれ発達し感覚器官相互の協調が生まれ、神経系の組織化、体制化が進み、精神機能の働きが生まれてくるのです。これは自然の営みです。

それで、この自然の営みが円滑に行われるように、日常生活を通して援助をするのです。

日常生活の実際

子どもの生活の様子を、見ていきましょう。

乳幼児は、寝かされているだけの状態から、座ることができるようになり、やがて、立って歩くようになります。目につくものを触ろうとします。手を出して触れ、時には掴んでみますが、子どもの手の大きさに比べて、掴んだ物が大きすぎるとすぐ落としてしまいます。

小さなものにも目がいき、つまんでそれを口に入れようとします。それに対して親が反応し、声を出したり、慌ててそばにとんできたりします。乳幼児はこの反応をいちいち脳裏に刻んでいきます。やがて、子どもは、これをこうすれば親がこのように反応することが分かるようになります。その結果、子どもは、親の反応をうかがうようにもなります。顔色を見るのがそれです。

このやりとりが、子どもの本来持つ自発性、自主性に影響を及ぼすようになります。「いりません、いけません」を連発していると、子どもの持つ自発性、自主性は萎んでしまいます。したがって、「こうしたらいいよ」と示す必要があります。子どもはできなくても、大人が示すその姿をじっと見ています。また、大人が代わりのもの

野菜を切る：包丁を使う

を与えることもあるでしょう。重要なことは、子どもの周囲の環境にあるものを子どもは吸収するということです。吸収することによって、環境に適応するようになっていきます。そして、これらのやりとりが、子どもの性格の一部を形成していきます。

この段階までは、危険でないかぎり、ものを壊さないかぎり、見守りつつ、自由に動けるように配慮し保護することが大切です。

子どもはさらに成長して、手を使って、何かをしようとするようになってきます。そのための前段階と見られる行動が起こります。これが、モンテッソーリのいう間接準備行動です。

たとえば、障子を破いたり、紙を引き裂いたり、ちぎったりします。子どものこうした行動を放置するのではなくて、新聞紙や広告紙などを、子どもの手に合った大きさに切って準備し、それを決まった場所に置いておきます。子どもが、前述したような行動を起こしそうになったときに、その行動を押し止めて、用意されたものを見せ、これをこんなふうに破ればいいよと示します。子どもは喜んで、まねるでしょう。これを心理学では、方向性を与えるといいます。

私達の日常生活での活動は、単純なこともありますが、おおむね、複雑で混沌としていることが多いのです。子どもは大人達の日頃の動きを見て、「ああそうか」と、子どもなりの理解をして、まねるのです。ところが、私達の使っている生活の道具は、自然なものもありますが、ある目的のためにつくり出されたものが多いのです。ですから、道具には、その使い方、扱い方があるわけです。道具の使い方や、取り扱い方がよくないと目的が果たせなかったり、運悪いときには壊れたりします。

これは大人だけでなく、子どもの場合は、なおさらです。そこで、「これはこうするのよ」と、そのものの扱い方を示すわけです。

機能の発達の途上にある子どもに、その方法を示すのが、「提示」とか「提供」などと呼ばれるものであると考えてもよいでしょう。

やがて子ども達は、目的のある行動をするようになります。

現在では、乳児は寝ている間にも、親達の生活や感情、態度などを吸収していることが分かってきています。そのため、この時期から、親や教師は、子どもに分かる提示をするようにしなければなりません。

ここで注意しておきたいことは、親や教師が、こんなことを教えておくと、後で役立つからという理由で、教えようとするのではないということです（これはやらせになります）。

むしろ、子どもの動きを観察していて、何をしようとしているのかを判断した後に、子どもがやり方を知らないようであれば、「それはこうしたらいいよ」と示して、援助する方法をとるのです。それは、子どもの本来持つ自主性、自発性を大切に考えるからです（提示の頁を思い出してください）。

複雑な作業を、単一の作業に分ける

モンテッソーリ教育の実践と呼ばれるものが、どのように具体的であるのか、日常生活の領域の一つを紹介してみることにしましょう。

以下は、九州コースの教本（藤原江理子作成のノート）に記載された、内容の一部です。

日常生活の中で「縫う」作業は、子ども達が喜んでする活動の一つです。この縫う作業を例にとって考えましょう。この作業では、紙や布に縫うことができます。ここでは、紙に縫う作業を例にとります。

まず、次のもの（教材）を準備します。

・針、糸、針山
・穴あけ
・マット
・これらを一緒に入れるトレー
・適当な厚さと長さの紙（紙の中央の一直線上に等間隔に黒点を偶数つけます）。

このように、必要なものをすべて用意します。

次に、縫う作業の内容を吟味します。

・針の穴に糸を通す。
・その糸を切って玉結びをする。
・縫う（運針）。
・縫い終わった後とけないように玉どめをする。

このように分析することを、複合作業の分析と呼びます。また、分析された一つひとつの作業を単一作業と呼ぶことにします。これらの単一作業をさらに分析して、困難を一つにします。子どもに示すための提示を考えます。順序はやさしいものから難しいものへ、興味を持ちやすいものからなど、実際的な経験に基づいて決めていきます。

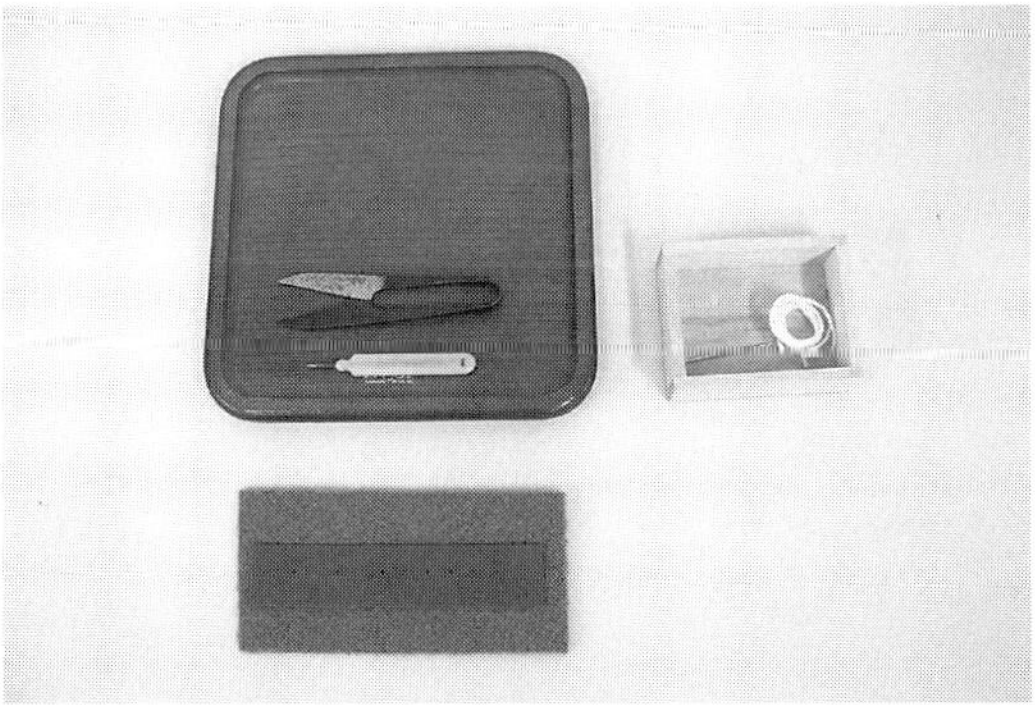

教具：縫う　糸を通した針で縫う部分だけを体験する

モンテッソーリ教育では、子どもが実際にこれらの作業をすることを、「お仕事をする」と言っています。これらの作業を、子どもは目や手を使って行いますが、このことを通して感覚を訓練し、ひいては自分の人格をつくるという、大切な仕事を果たしているという意味で〝遊び〟と言わないでお仕事と言っているのです。

また、教師は子どもに提示する前に、数回以上は練習する必要があります。子どもに分かりやすく提示するためには、教師自身が、最もよい方法での提示を、自分のものとしておくことが大切です。

モンテッソーリ教育の実践提示（規定のフォーム）の例を示しましょう（複雑作業を単一作業に分けて、規定のフォームに分析し、提示として示したものです）。

❈ 複合作業を単一作業に分解した具体例

✿ 複合作業（作業名…縫う）

(1) 目的（子どもに伝えたい事柄）

・紙や布のいろいろな縫い方を知る（生活の手段を身につける・環境への適応）。
・縫うための指先、手首の動きを知るとともに、そのコントロールの仕方を知る。目と手の協応動作を獲得する（動きを通して感覚器官を鋭敏にする）。
・集中力、秩序感、独立心、社会性を養うことを目指している（感覚の発達に伴う精神機能の目覚め）。

(2) 興味点（子どもが興味を示すところ）

・紙に穴をあける（針を刺すための目印となる）。

・針に糸を通す。
・玉結び、玉どめをする。
・いろいろな縫い方を知る。
・表、裏の縫目の違いを知る。

(3)　注意点（教師の側に、必要とされる注意）
・裏から針を出し縫いはじめて、裏で縫い終わるようにする。
・糸が長すぎたり、短すぎたりしないように気をつける。
・紙や布の材質、大きさなどを考慮する。
・針は、毛糸針を使用する。
・糸と針穴の関係を考慮する。
・図案は（絵柄）段階的で系統性があるように考える。

(4)　誤りの訂正（子ども自身が誤りに気づく）
・針穴が、点からずれる。
・針に糸が通らない。
・玉結び、玉どめが表に出たり、ほどけたりする。
・糸くずが残る。

(5)　年齢（作業をする目安となる年齢）
・二歳半以上。

縫う：紙に等間隔の穴をあけて、針で縫う作業をしている

(6) 前後の関連（当作業の前に経験した作業、この後の作業など）
・前… 穴あけ、通す、結ぶ作業。
・後… 縫う動作を含む作業。

(7) 使用する言葉（作業中に出てくるものの名称）
・道具の名称、表、裏、縫う、玉結び、玉どめ。

✿ 単一作業

複合作業は、次のような単一作業に細分化されます。

(1) 縫う

① 誘う（子どもが自己選択した作業に誘う）
・「縫う」仕事をすることを伝える。
・糸と針の名称を与え、持ち方を示してトレーに入れる（糸は針に通っており玉結びしたもの）。
・机に運ぶ。

② 教材名称
・縫う紙、マット、穴あけ、にぎりバサミなど、使う道具の名称を言う。

③ 穴あけ（単一作業）
・マットの左端を左手で押さえ、浮いた右端を右手で持ち上げた後、手をそえて持ち、机の上に置く。

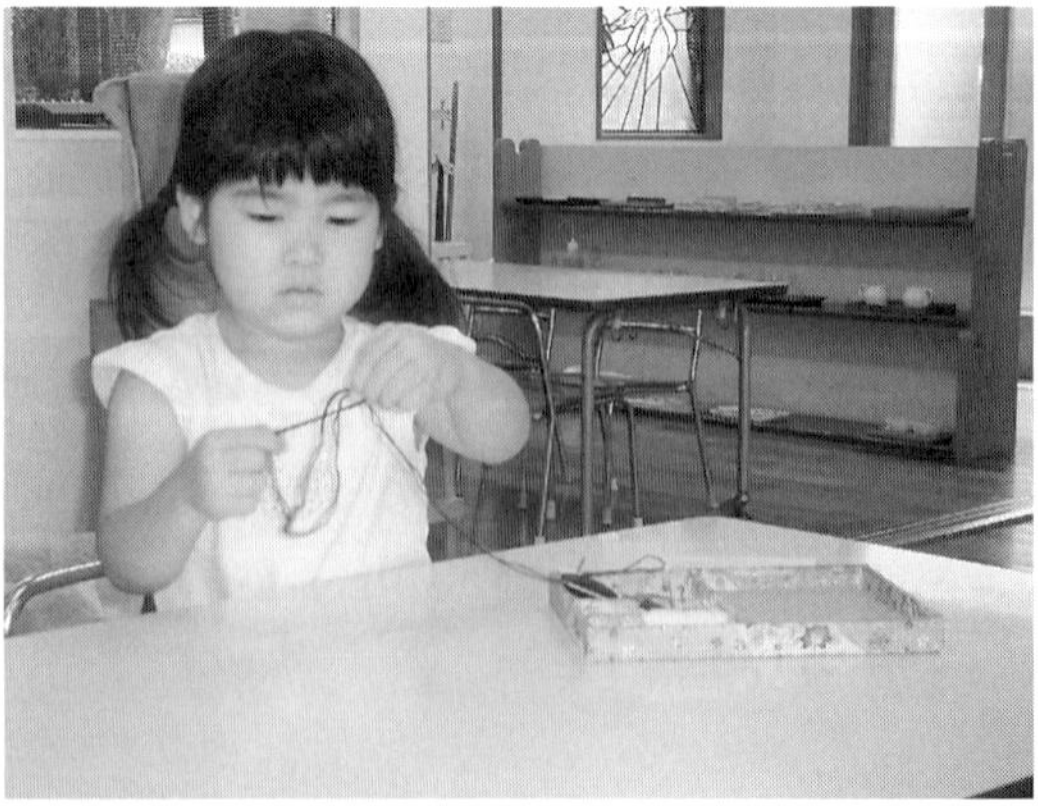

縫う：玉結び

・縫う紙も同様にして、マットの上に置く。
・子どもが同様にする。
・穴あけを持って、左手で紙を押さえる。
・穴あけを黒点にあて、上部から縦に刺しこむ。
・子どもも同様にし、穴あけを元に戻す。
・全部穴があいたか、かざして確かめる。
・マットを元に戻すように促す。

④　縫う（単一作業）
・糸と針を机の上に置き、糸を引っぱって伸ばす。
・表／裏を見せて、裏から縫うことを伝える。
・左手で紙を持ち、裏から針を入れ、表に針に続いて糸が出るのを見せる。
・裏をもう一度見せ、針と糸を引っぱりつつ、玉結びが紙につくまで見せる。
・紙の表を見せ、次の黒点に針を入れる。
・四目印位まで示しつつ縫って、子どもに活動を促す。

⑤　糸止め（単一作業）
・全部縫い終わったら、紙を裏にして置く。
・糸止めすることを伝え、縫い目の間を、針を二回くぐらす。
・糸を切ることを伝え、にぎりバサミの持ち方と、切る場所を示す。

・子どもも同様にして、糸を切る。
・糸を、びんの中に入れるように伝える。
・紙に日付と名前の印鑑を押しておくように伝える。
・トレーを運んで戻す。

(2) 玉結び

① 誘う
・玉結びの仕事をすることを伝える。
・道具を運ぶ。

② 名称
・使う道具の名称を言う。

③ 玉結び（単一作業）
・びんの上ぶたを押さえて、毛糸を出し、毛糸を横長に置く。
・左手で糸を押さえ右手で端をつまみ下から回して輪をつくる。
・左手で糸の交差した部分をつまむ。
・輪の中に見える先端を、右手親指と人指し指でつまんで引っぱる。
・ハサミで結び目の左を切る。
・子どもは好きなだけ活動をしてよい。

④ 袋に入れる

縫う：玉結びの糸の置き方

・子どものつくった玉結びを、袋の中に入れるように伝える。
・袋への入れ方を示す。
・子どもの自己活動。

⑤　片付け

・元あった状態に、片付ける。

(3)　針に糸を通す

①　誘う

・今日は、針に糸を通す仕事をすることを伝える。
・道具を運ぶ。

②　名称

・使う道具の名称を確認する。

③　外す

・糸巻きから糸を外す。
・子どもも同様にする。

④　長さを測る

・糸の端を外し、糸巻きをトレーの端に置き、糸を左人指し指で押さえる。
・右手で糸巻きを返しながら、糸を伸ばし、トレーの長さで切る。
・子どもも同じようにする。

⑤　糸を通す（単一作業）
・針山を手元に出す。
・右手で針を取り、左手に持ち替え、穴を見せる。
・左手で毛糸の先の方を持つ。
・糸が少し穴に入ったら、針を左手に持つ。
・左手で毛糸を持ち、引く。
・針山に針を刺す。
・両端を左手で持って糸を引き、同じ長さに整える。
・子どもも同様にする。
・さらに活動をするか聞く。
・針を取り、糸を左右に開いて抜き、針をぴんに戻す。
・子どもも同様にする。

⑥　片付け
・糸はごみ箱に捨てるように言う。
・教具を元に戻す。

(4)　玉どめ
①　誘う
・玉どめの仕事をすることを伝え、道具を運ぶ。

②　準備
・各々の名称を子どもが言う。
・糸くずを入れるところを伝える。
・紙を指さし、これに玉どめをつくることを伝える。
・紙に穴をあけて、針に糸を通し、玉結びをする。

③　玉どめ（単一作業）
・紙の表から、針を通し、表に抜く。
・紙を机の上に置き、穴と針の中央あたりを合わせる。
・針を左手人指し指で押さえ右手親指と人指し指で糸を持つ。
・ゆっくり糸を針に巻き付け、穴のところに引く。
・左手の中指で穴の上を押さえ、ゆっくり、糸を引く。
・玉どめのすぐ近くをハサミで切る。
・子どもの自己活動。

✿　作業を統合する
(1)　総合（発展した作業への展開）
・子どもが自己活動で、単一作業の(1)縫うから(4)玉どめまでを続ける。
・さらに、図案（絵柄）を変えて活動する。

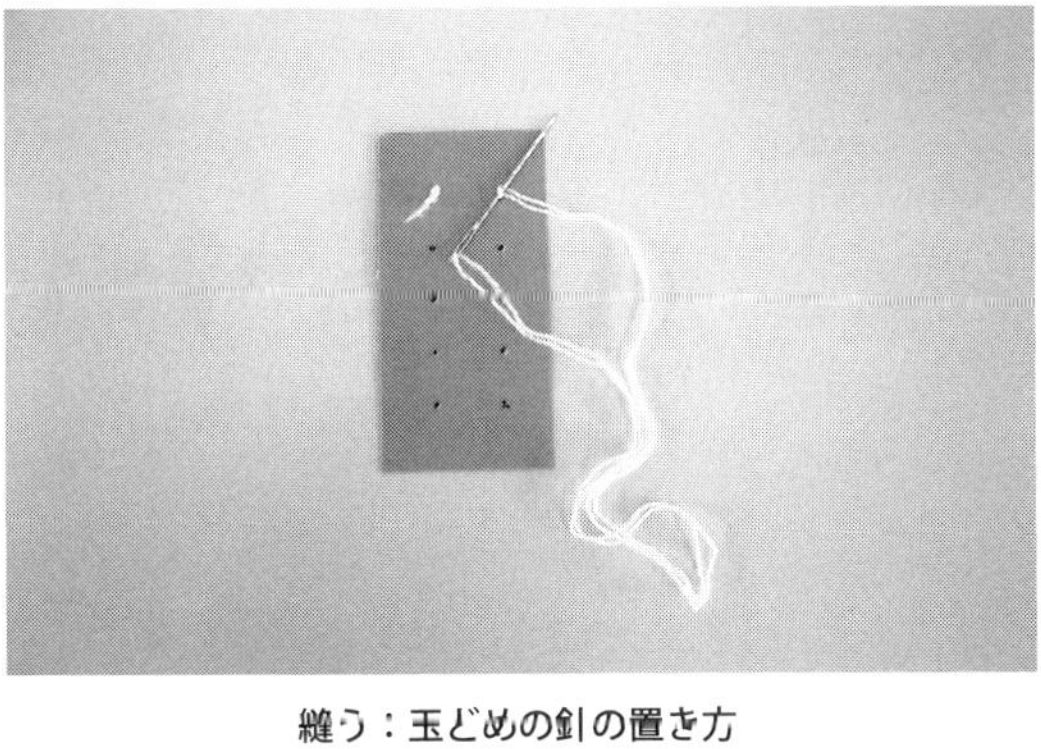

縫う：玉どめの針の置き方

⑵　片付け

・日付と名前の印鑑を押すように伝え、片付ける。

以上のように子どもの作業の「縫う」を取り上げて、複合作業を単一作業にどのように分析し提示するかについて、例を挙げて示しました。それをまとめると次のようになります。

⑶　縫う（複合作業）

・縫う…穴あけ（単一作業）↓縫う（単一）↓糸止め（単一）

・玉結び…玉結び（単一）

・針に糸を通す…糸巻きから糸を外して用意する（単一）↓針に糸を通す（単一）

・玉どめ…穴あけ↓玉結び↓縫う↓玉どめ（単一）

・総合…⑴から⑷まで通して

さらに発展した作業への展開まで

このまとめに基づいて実際に子どもに提示してみてください。

そして、子どもが理解して作業ができるかどうかを確かめます。もし、子どもがよく分からないとか、できないようであれば、分析にどこか不備があるわけです。そして、その理由を突き止め提示を改善します。子どもが、喜んで作業に取り組み、集中できるようであれば提示は成功したのです。もちろんこれらの作業が、子どもの敏感期に一致していることが前提になります。

私達も〝子どもから学ぶ〟ことを実行するようにしています。

日常生活での作業は、普通、いろいろな要素が入り混じった複雑なものが多いので、子どもがまねるのには困難が多すぎます。そこで子どもが理解しやすいように、作業の内容を分析して、できるだけ単一な作業になるように分解します。分解された単一な作業は、子どもにとって困難が一つだけになるようにします。子どもは、今までにつくり上げてきた自分の能力を使って、与えられた一つの困難に向かって挑戦します。子どもにとって挑戦は喜びであり、克服したい対象でもあります。そしてこの経験が、子どものやる気を育てるのです。

大脳生理学の権威、東大医学部時実教授は、知性脳の絡み合いが生まれ、発達が続く時期、さらに、前頭野の配線がはじまる時期に、育児や保育の中で、やる気を育てることが、最も大切であると指摘しています。

お仕事の実際

「貼る」作業の提示をするために、書き留めたノートの実例を以下に示しましょう。

作業名…貼る（提示）

まず、目的が告げられます。

(1)　目的

・シール、色紙などの貼り方を知る。

・貼るための指先の動きとその調整。

・集中力、秩序感、独立心、社会性を養う。

その後に、次のような提示が示されています。

(2)　準備

・子どもを作業に誘い、トレーの持ち方を示し運ぶよう声を掛ける。
・机にトレーの置き場を示し、子どもとともに座る。
・作業の名称を与える。
・糊を示し名称を与え、左手を添えながらふたを開けて、手前に置く。
・下じきを示し名称を与え、トレーから出して子どもの前に置く。
・台紙を示し、名称を与え、下じきの左隣に置く。
・子どもを誘い、紙・下じき・糊の順に元に戻す。
・子どもが示された順に用意する。
・色紙を示し、名称を与え、下じきに置いて〝表〟、返して〝裏〟と告げ、裏に糊をつけることを知らせる。

(3)　筆の持ち方

・筆を示し、名称を与え、持ち方を示して筆先に、糊をつける。
・左手で色紙を押さえながら、左↓右方向へ、上から下へ順にまんべんなく糊をつける。筆を戻す。
・色紙を表返し、曲線の一点に合わせて軽くのせる。
・スポンジを示し、名称を与え、右指でつまみ持って、色紙の上をまんべんなく押さえる。元に戻す。
・小布を取り、人差し指をはさみ込んで、二つ折りにし、下じきについた糊を拭き取る。小布を元へ戻す。

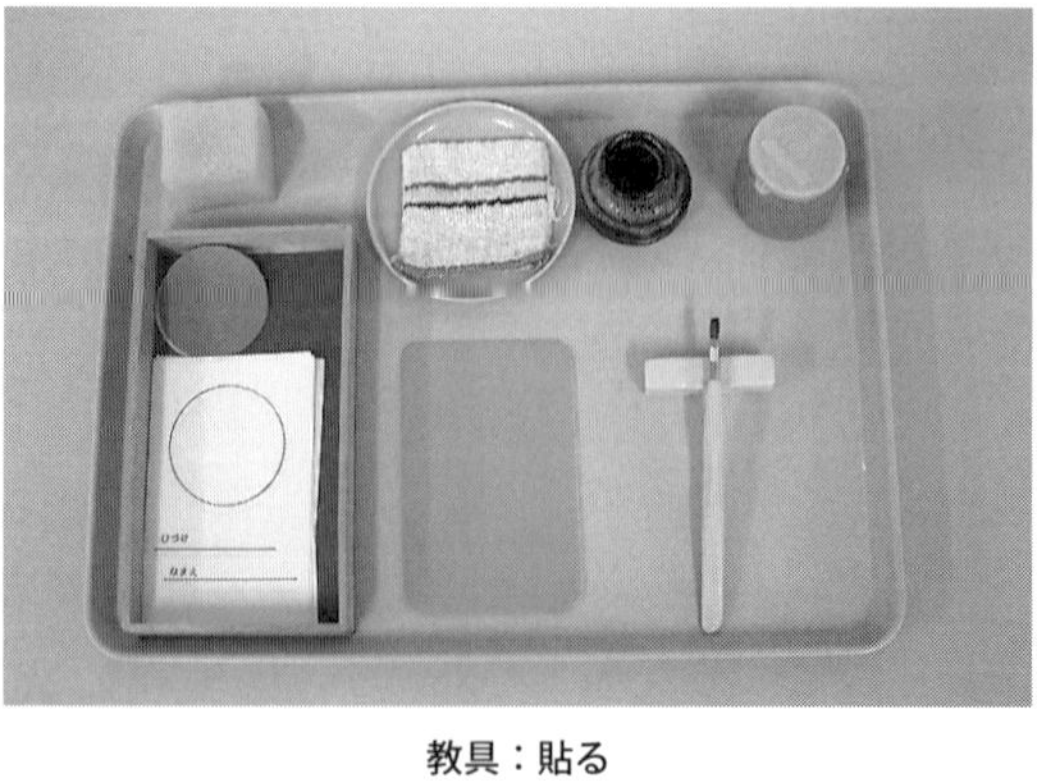

教具：貼る

・教師が使用した紙は、トレー左外に置く。
・子どもが貼る。枠に合わせて貼れたことを確認する。
・できた子どもの紙を、下の紙の上に重ね、下じきはどうするのか確かめる。
・子どもは下じきを拭く。
・子どもの貼った紙を子どもの前に置き、線の通り貼れているかなどを、一緒に見る。

(4)　片付け

・まだ続けたいか問い、続けないのであれば片付けに誘う。
・筆洗いを示し、名称を与え、水が入っていることを告げて、筆を中に入れる。
・軽く筆をゆらして洗い、水気をきってから、小布中央にねかせ、小布を半分に折る。筆を布から抜いて拭き、筆と小布を戻して、子どもを誘う。
・子どもが筆を拭く。
・トレーに糊がついていないか子どもに確かめ、下じきを元に戻すよう声を掛け、
・机上に糊がついていないかを確かめ、糊のふたを閉めるよう声を掛ける。

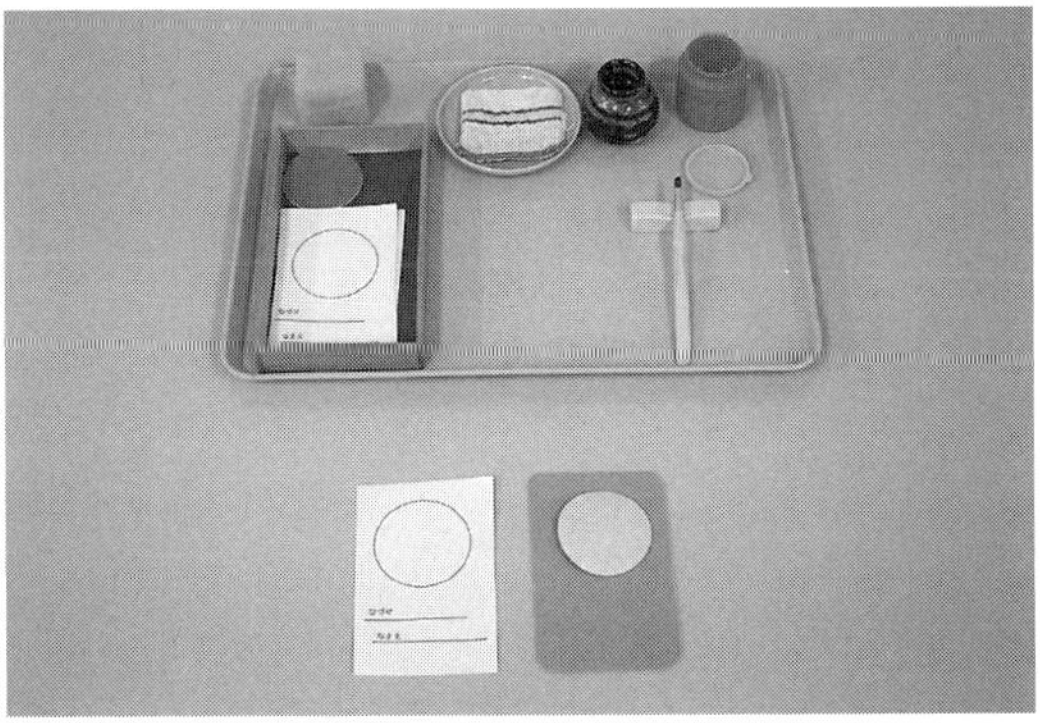

貼る：作業の準備

・紙を子どもの前に置き、日付と名前の判を押して、引き出しに入れておくよう告げる。
・使った小布は、新しいものに取り替えるよう誘い、ともに立つ。
・両手で小布の両端を持って、持ち方を示す、小布を取り替えに行く。
・自己活動への誘いかけをしておく。
・トレーを戻すよう声を掛ける。
・子どもが元あった棚に片付ける。

日常生活の領域の作業は、非常にたくさんあります。やさしいものから難しいものへ、簡単な単一作業から、かなり複雑な複合作業へと、挙げれば数かぎりなくありますが、子どもが必要とするものを、子どもの動きや系列から考えて選ぶことが大切です。日常生活の領域は、多くなりすぎないよう、最小限にとどめることも大切です。日常生活の領域は、自分自身のためのもの、社会的礼儀に関するもの、集団的訓練に関するものを含んでいます。

次に、モンテッソーリ教員養成コースの日常生活の領域プログラムを紹介しましょう。

貼る：筆を使って糊をつけた形を台紙に貼る

3　日常生活の領域プログラム

日常生活訓練課程プログラム

(1)　第一グループ…自分自身（身づくろい）に関するもの

①　身づくろい

・鏡を見る
・着脱
・上靴をはく
・髪をとく
・手を洗う
・歯を磨く
・鼻をかむ
・靴を磨く

②　着衣枠

・ボタン大／小
・スナップ
・ファスナー
・かぎホック

・蝶結び

・尾錠（バックル）

・安全ピン

・編み上げ　他

(2)　第二グループ…環境（身の回り）への適応に関するもの

・歩く…音を立てず、ものを踏まないで歩く・ぶつからず歩く

・運ぶ…いす・机・じゅうたん　その他

・立つ／座る

・かける／外す…ほうき・ちりとり・ハンガー

・巻き伸ばし…じゅうたん・ビニール

・埃をはらう…机・いす・額

・掃く…保育室・庭・畳

・あける／うつす…米つぎ・豆つぎ・色水の注ぎ分け

・折る…布・紙

・絞る…スポンジ・小布

・拭く…テーブル（テーブルを洗う）

・磨く…金属・鏡・木

・洗濯…布

・アイロンをかける
・お茶を入れる
・花の水切り
・野菜を切る
・火をつける
・食卓の用意
・食後の片付け
・洗練された指先に至るための個人的練習
a．通す
b．はめる
c．分ける
d．折る
e．貼る
f．切る
g．縫う

(3)　第三グループ…社会への適応に関するもの（社会性）
・戸の開閉
・あいさつ

・ものの受け渡し
・他人の仕事を見る
(4) 第四グループ…運動の調整のための集団的練習
・線上歩行
・静粛

などです。

これらは、生活の一部にすぎません。必要な場合には作業を考え、その作業を分析して提示を考えるとよいのです。

6章　感覚の領域

生きる力をつけ、社会的存在になるために

動きの敏感期にある子どもに対する動きの援助は、いろいろな感覚器官を刺激し、発達を助けることに役立つことを前章で見てきました。子ども達は、次第に、生活の中で自分でできることが多くなってきました。十分によく使った感覚器官が発達してきたことが分かります。そして、子ども自身が次第に意識して、自発的、自主的に生活する力を身につけてきました。もちろん、大人から見ると、まだまだ、おぼつかない動きも多々ありますが、確実に発達を果たして成長しています。

1　感覚器官を洗練する領域

秩序づける

動きの敏感期をすぎると、モンテッソーリの発見した人間の発達の視点から見た、〝秩序感〟の時期に入ります（心理学では可塑性のない時期といわれて、広く知られていることです）。

大人から見ると、まったく融通のきかない時期です。おしっこは、お便所でするると教えてしまうと、近くにお便所がないような場合に、そこらですましておくようにと大人が言っても、子どもは聞き入れてくれません。逆に「おしっこは、お便所でするのでしょ」と大人がたしなめられるほどです。

ものが決められた場所に置かれないときには、「チガウ、チガウ」と言って、泣いて訴えることもあります。ゆがんで置かれているものを、正しく置き直すのは一歳半ぐらいの子どもです。

この時期には、秩序が無理なく身につくように助けます。そのためには、子どもの環境を整備します。決められた場所に決められたものを置く、使ったら元に戻す。乱雑にではなく、整理、整頓してあることが望ましいのです。このような環境で、子どもは自由に、自分の望むことができるようになるのです。親や教師は子どもを観察していて、子どもが欲しがっているもの、したいと思っているものを見つけて、その助けになるものを用意するように努めます。そして、親や教師は子どもが秩序を維持できるように助けるのです。

もちろん、危険なこと、ものを壊すこと、傷つけることなどは、言って聞かせ、止めさせることは大切です。ただし、口うるさくならないように気をつけたいものです。

このころから、子どもは何か目的を持って物事をはじめるようになります。「あれをしたい」、「これする」などと言い出します。これは今まで無意識にしていたことを、意識してしようとする現れと見ることができます。

日常生活の領域の教具の助けを得て、いろいろな作業ができるようになり、その数も多くなってきます。私達大人は、子ども達がいろいろなことができるのに驚かされます。そこで、この日常生活の子どもの動きについて考えてみましょう。子どもは、いろいろな経験をしていますが、それは、内容的に見ると各種の動きと雑多な経験であることに気づきます。

知性の働き

ここで、人間は知性を持つ存在であることを思い出してください。知性は人間だけに与えられた特徴で、人間と他の動物を分けるものです。しかし、この特徴も磨かなければ宝の持ち腐れになるものでもあります。

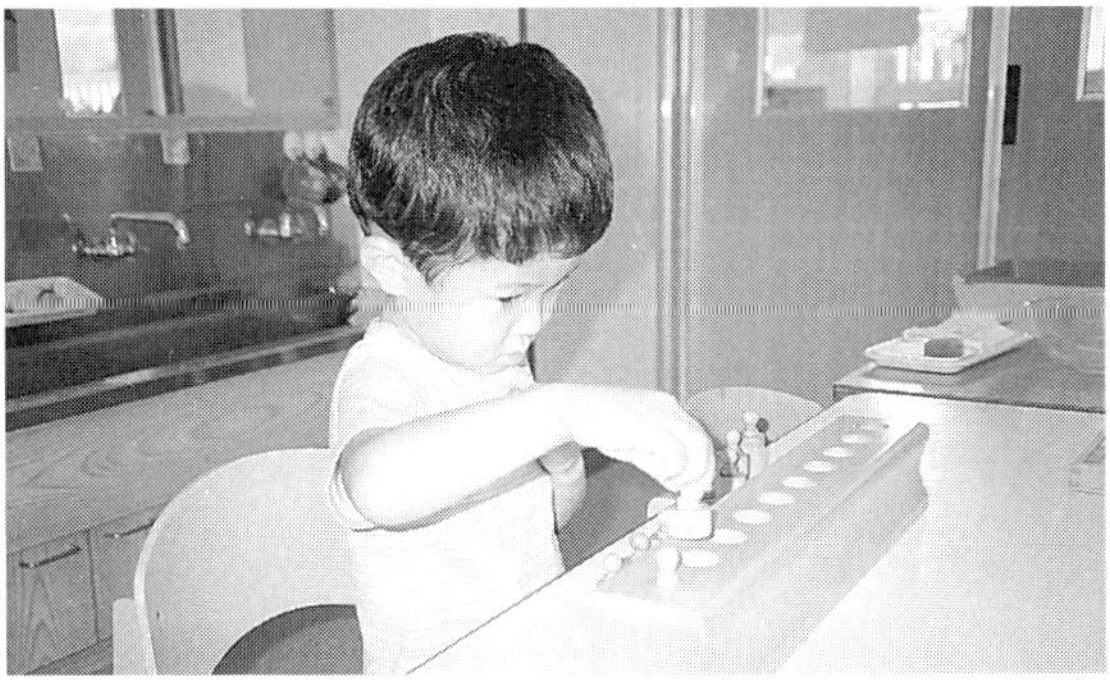

はめこみ円柱：円柱と同じ大きさの穴を見つけ合わせていく

知性とは、いろいろな経験を整理、統一することによって認識に至る精神的働き（精神機能）のことをいいます。そして、子どもはこれらの経験を通して、外界との相互作用の過程を意識化して自分のものとするようになります。外界との相互作用を通して、素材としての、いろいろな情報を集めていきます。これら多くの情報を整理、統一して、そのものの意味を知ることができるようになることが、経験するという働きです。

整理、統一することは大人にとっても困難なことなのですから、子どもにとっては、たやすくできることではありません。したがって助けが必要となります。

感覚によって得られた刺激は、脳に保存される（記銘する）ことが知られています。記銘は記憶のはじめの段階で、記憶の保持、再生の前提となるものを指します。意図的な記銘では反復することが大切です。感覚器官は使えば使うほど発達します。

しかし、この集められた情報を整理しなければなりません。このままだと体験したことにはなりますが、本当の意味での理解をしたことにはなりません。情報を整理して、それらの意味や関係が分かったとき、はじめて理解することになるのです。雑多な素材がそのままでは、知性の基礎を養うことにはならないのです。

この知性の基礎を養うために、子どもの経験を整理することを助けるのが、感覚教育の意義となっています。幼児期の感覚教育の重要性は、発達心理学者の指摘しているところです。ソビエトにおいては、伝統的に感覚訓練は重視されていますし、ピアジェの理論の中にも取り上げられています。

モンテッソーリは、知性の基礎を養う意味で、感覚教育を非常に重要だと考えました。感覚訓練の方法を具体化し、それを概念的発達に結び付けようとしました。そのために感覚の教具を開発しました。モンテッソーリ教育といえば感覚教育だという人がいるほどです。

2　知性の基礎を養う感覚

感覚の教具

モンテッソーリ教育は、感覚器官の一つひとつの感覚を個別に取り上げています。すなわち、視覚、聴覚、触覚、味覚、嗅覚の五感の他、平衡感覚、立体識別感覚、温度感覚などです。

モンテッソーリ教育法の感覚教育は、この一つひとつの感覚に焦点を合わせて、それぞれの教具を使うことによって感覚を洗練しようとしました。

例を挙げて考えましょう。

ものの大きさを比較してどちらが大きいかを識別することは、生活の中でも常に繰り返し行われています。しかし、大きさを正確に識別できる条件はそろっていないのが普通です。正確でなくとも、生活上それほど不自由ではありません。大きいと感じる程度で十分に生活できます。

しかし、正確に大きさを判断するためには、形および縦、横、高さをそれぞれ比較しなければなりません。ところが、日常生活の中で普通に出会うものは、大抵は複雑多様な形をしています。それぞれ、縦、横、高さも異なります。どのようにすれば、正確に大きさを比較できるのでしょうか。

たとえば、視覚を使ってものの大きさを識別する教具、ピンクタワーを取り上げましょう。教具の特徴は次のようなものです。

・形は立方体です。縦、横、高さ各々一センチずつ異なる一〇の立方体が選ばれています。
・立方体の色彩は、一色に統一されています（さまざまな色があると、目の錯覚が問題になるからです）。

これではじめて、体積（大きさ）だけが異なる、つまり「困難を一つにする」という幼児にとって大切な条件を整えた教具ができたわけです。

感覚の教具は一つの違いだけが浮き彫りにされ、他の条件は背景に沈んだ教具です。

では、色について考えてみましょう。これも生活の中で、視覚を使って無数に体験しているものです。色の種類には、多種多様のものがあります。隣り合わせの色の組み合わせにより、また、ものの大きさや面積の違いによって同じ色でも違って見えます。ここで色の教具を見てみましょう。

まず、色のついた面積が同一の板を用意します。そして、その同一な形のものをペアにできるように、二枚ずつ用意します。色だけが異なり、他の条件は、すべて同一になっています。これで同一の色を合わせていくのです。まず、三原色から、次に、その組み合わせに従って色を選んでいきます。これで色の教具（色板）ができたわけです。

このように吟味して、各感覚の訓練のための教具がつくられています。

ピンクタワー：ピンクの立方体を $10cm^3$ から大きい順に $1cm^3$ まで積む

感覚の領域の目的

感覚の教具は、具体的なものを一歩進めて抽象化されたものとなっています（ある特定なものを、一定の法則に従って、選んでいます）。

感覚の教具は、抽象化への橋渡しとして、また、知性的な教育の基礎という二点において、日常生活の領域とはまったく異なった目的を持っています。

直接的な目的としては、感覚器官そのものの発達を目指し、間接的な目的としては精神機能および知的基礎の育成を目指しています。したがって、感覚の領域の目的は、直接、間接目的を通して次の三つに集約することができます。

感覚器官の発達促進

感覚の教具は、感覚器官の鋭敏化および発達を援助するためのもので、モンテッソーリ教育の特色を示すものだといわれています。

視覚に関する教具が多いのは、人間にとって視覚の果たす役割から考えて当然なことです。感覚の教具は、視覚の他、すべての感覚の発達を援助する教具が含まれています。感覚の教具は、具体物を抽象して取り出された要素を含んだもので、具体物から抽象化への橋渡しをします。具体物を順次、抽象化へ導くための教具もあります。また、内容としては異同、比較、対比、分類、構成と分解、全体と部分、総合と分析など、知的要素を含む教具もあります。

それらの感覚の教具は、すべて、子ども達が取り扱ううちに感覚器官を刺激し、ごく自然に感性を豊かにするために用いられます。感覚教育が注目される理由の一つともなっています。

色板III：色の濃淡を識別する

✿ 抽象化、精神化の基礎の育成と、精神機能の強化

感覚の発達は、精神化に密接に結び付いています。感覚器官それぞれが発達し、感覚機能が活発に働くようになるにつれて、子どもの内面において抽象化、精神化の基礎づくりが進行していきます。特に、意識化（自分が何をしているのか、今はどんな状況なのかが分かる）が進んできます。

感覚の教具との出会いを通して「感じること」が豊かに経験されてくると、印象を受け入れる能力、すなわち感性が豊かになってきます。

感じ取るためには教師の援助が必要です。特に教師自身の豊かに感じ取った経験が、教具を通して子どもに伝わっていきます。教師自身の感動の経験が提示の基礎であるといわれる理由はここにあります。

これら感性で感じたものを言語で表現することを、「言語化」または「抽象化」するといいます。このようにして抽象化への基礎が子どもの内面につくられていきます。

次に、子どもは、言葉の使用と社会的適応の過程へと進んでいきます。これら精神発達の過程すべてを含めて「精神化」と呼ばれています。子どもは、このような過程を経て精神化の基礎を獲得します。さらに、子どもの活動は、注意力、判断力、集中力などの精神的機能の働きを強化しています。

言葉の獲得により、現実的なもの、具体的なものから離れることが可能になります。それとともに、子どものあらゆる活動の範囲は飛躍的に拡大していくことになります。

赤い棒：長い棒（100㎝）から順次短い棒（10㎝）に並べている

✡ 知的基礎の育成

感覚の教具は日常生活の体験の整理にも役立っています。日常生活での体験は、雑多な要素が混ざり合って存在しているものとの出会いの連続でもあるのです。たとえば、世の中には、背の高い人も低い人もいます。背が高くて細い人、低くて太い人もいます。また服の柄もまちまちで、縦じまの服、横じまの服もあり、服の色も異なります。子どもは、多くの人に出会って、そのような体験をしています。子どもにとっては、ちょっと見ただけでは本当の高さは発見できないのです。それは混沌とした雑多な体験という他ありません。もし高さ（長さ）だけを感じ取ろうとするには、こうした日常生活の体験だけでは不適当です。

そこで、「高さ」だけを感じ取るために、高さだけが異なり、太さ、色を同じにした教具を示します。すると、子どもは、感覚器官、特に視覚を使って、「高い」、「低い」の高さの違いを容易に判断することができます。それは、他の要素は背景に沈んでしまって、「高さ」という要素が一つだけに整理されたためです。

それでもなお、高さ（長さ）を示すものの数の多さに驚かされます。そこで、ある高さを選び、この高さを規準にして、その二倍、次に三倍の高さというふうに、一〇倍の高さまでを選び出して、一〇本の棒を順に並べてみます。並べた状態を見て、子どもは、「やあ、きれいだ」と感嘆の声を上げました。それは、低いものから高いものへと順序よく並び、高さの

二項式：$(a+b)^3$ のそれぞれの大きさを組み合わせて、箱に秩序よく入れたり出したりする

増加の比率が一定だからです。子どもは、そこに法則性、秩序性、順序性を感じ取り、思わず「きれいだ」と感嘆の声を上げたのです（赤い棒）。

知性とは物事を知り、考えたり判断したりする知的な働きをいいます。子どもは感覚の教具を取り扱っているうちに知的な基礎を自然に獲得していきます。

感覚の教具との出会い

このように、日常生活で体験したことの中から、ある要素だけを取り出しているのが感覚の教具です。この感覚の教具との出会い、その取り扱いを通じて、子どもは無意識のうちに、日常生活で体験した雑多な経験の印象を整理することができるようになります。これが知的な基礎を形成するのに役立ちます。

感覚の教具には、具体物から抽象化への橋渡しをする教具（幾何タンス、幾何立体）、構成したり分解したりする教具（構成三角形）、全体と部分との関係、比較、対比、分類、さらに漸次性に従って並べるものなどの教具があります。

色付き円柱：二組の円柱の併用

これらの教具を取り扱いながら、子どもは無意識のうちに知的要素と見なされる体験を重ね、その内面に知的な基礎を形成していきます。

そうして、この時期に自分をつくる自分自身の人格形成を果たしていくのです。

3　感覚の領域プログラム

教員養成コースで行っている、感覚の領域課程のプログラムを紹介しておきます。

※ 感覚課程プログラム

(1)　視覚

①　寸法

・四組のはめこみ円柱
・桃色の塔（ピンクタワー）
・茶色の階段
・赤い棒
・四組の色付き円柱
・二組の立方の箱（二項式・三項式）

②　色

・色板合わせⅠ・Ⅱ
・ぼかしの色板Ⅲ

③　形

・幾何タンスとカード

・構成三角形
・長方形の箱Ⅰ・Ⅱ
・三角形の箱
・六角形の箱大・小
・植物の葉のタンスとカード
・幾何図形重ね
・ピタゴラスのカード並べ

(2) 触覚
・触覚板
・触覚板合わせ
・布合わせ

(3) 重量感覚
・重量板

(4) 立体識別感覚
・ひみつ袋Ⅰ・Ⅱ・Ⅲ・Ⅳ・Ⅴ
・幾何立体

(5) 温度感覚
・温覚板、温覚びん

音感ベル：ベルを叩いて音を聴く

(6)　聴覚
・雑音↓雑音筒
・楽音↓音感ベル

(7)　味覚
・味覚びん

(8)　嗅覚
・嗅覚筒

以上、これまでに述べてきたことを要約すると、感覚器官を鍛錬し育成することは、人間の特徴である知性を育てるためには、欠くことのできない大切なプロセスであるということです。

4　生理学的見地から（脳について）

ショシャールは、大脳皮質を機能の特色によって、原始脳、知性脳、意志創造の脳の三つに分類しています。

(1)　原始脳（発生脳ともいわれる）は、旧皮質および古皮質と呼ばれるもので、生物として生きるために個体維持と種族保存の基本的な生命活動に必要な、本能的行動とそれに結び付いた原始的情動を支配している重要な坐といわれています。

(2)　知性脳は、新皮質の前頭葉の前部にある連合野を除く大部分です。この働きは、

・外界からの情報を受け止める感覚野
・腺や筋肉に命令して運動を起こさせる運動野
・統合中枢としての連合野
があります。

感覚野の付近にある感覚連合野では、感覚野で受け止めた外界からの情報を素材として、知覚、認知、思考など高い精神活動を営みます。たとえば、視覚野の知覚の連合野では、感覚野に入ってきた映像を、まとまった意味のある図形や文字として認知する統合的な働きをします。このとき、過去の経験、記憶痕跡が影響するというのです。

運動の場合、運動の指令は運動野によってくだされますが、その指令の協調性は運動連合野の統合的活動によってつくられるのです。ここでも、過去の経験、記憶痕跡が影響するというのです。

知性脳は、それぞれの分業によって外界からの情報を処理し、適切な運動を起こさせる随意的な活動を営む重要な坐です。特に、連合野における絡み合いの発達は、実際に外から情報を与えられ、それに応答するという、具体的体験によってつくられるのです。

感覚器官は、外部の情報を集めて、求心神経系を経由して脳に送り、大脳はその情報を処理して保存した

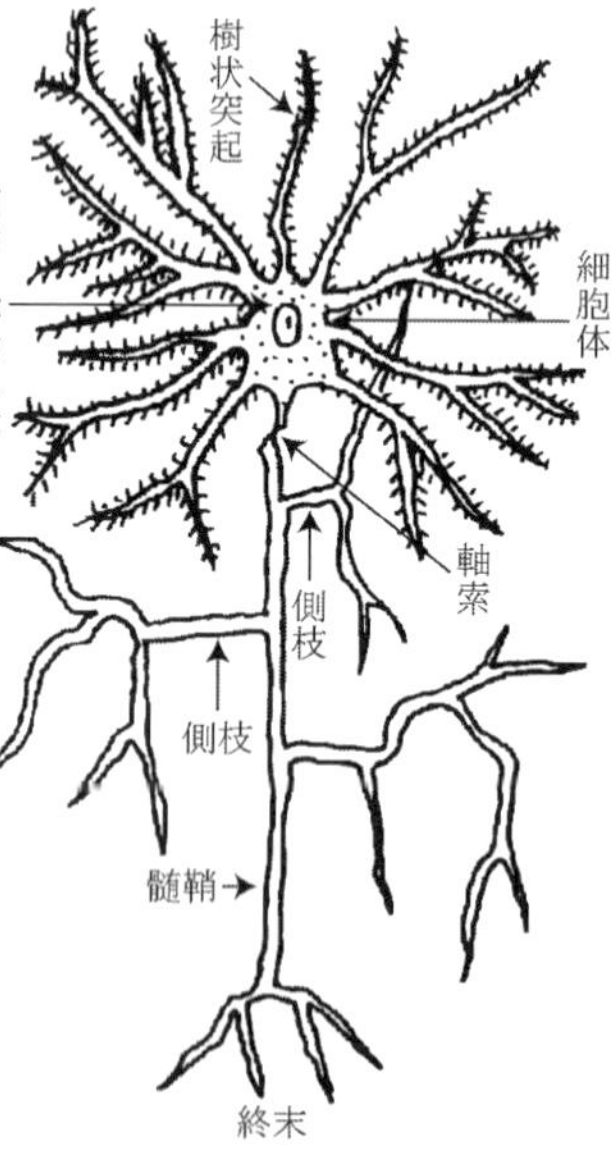

脳細胞の構造
（時実利彦著『脳と人間』雷鳥社）より

り反応したりします。反応された情報は、遠心神経系を通って指令として感覚器官に伝達され、行動となって外部に現れます。外部からの刺激で、ニューロンが興奮してインパルス（神経衝撃）が発生します。このインパルスは、活動電位と呼ばれる一過性の電気的な変化で、軸索突起に沿って伝導されるものです。このようにして脳に伝えられるものです。

神経系の形態的、機能的単位は、神経細胞（ニューロン）と呼ばれます。その働きは樹状突起や細胞体で、情報のインパルスを受け入れ、軸索から指令のインパルスを送り出しています。

生後は、神経細胞は増加しません。生後に見られる神経系の発達は細胞体が増大するのではなく、樹状突起（短いもの）や、軸索（長いもの）が、どんどんと伸びて分枝していくのです。

軸索から枝分かれした側枝の先端が、他の脳細胞体の樹状突起の表面に結合し絡み合いが生まれてきます。この絡み合いについて、時実教授（大脳生理学）は脳細胞の絡み合いの発達を三段階に分けています。

①　第一段階…出生から二、三歳
- 知性脳の部分の連絡路形成に集中する。
- 模倣が中心的な行動の特色。

②　第二段階…四、五歳から七歳
- 知性脳の絡み合いが続く、前頭葉の前頭野の配線がはじまる。
- やる気を起こさせる努力が必要。

③　第三段階…一〇歳前後
- 絡み合いは大部分完成するが、二〇歳まで緩やかな歩みが続く。

(3) 意志・創造の脳は、前頭葉の前部にある連合野の部分で、その機能は特殊なものです。原始脳、知性脳との間の高次な統合と調整をする最高の統合機能を持つものです。

私達は動くことによって発達するといいましたが、それは脳細胞や筋肉細胞の樹状突起や軸索が動きによって、刺激を受け、伸びて枝分れが増大するということです。

イヌやウサギ、ネズミなどの実験でも証明されています。

子どものときには自由に動き回って、元気であればよいという父親が多数おられます。これは大きな動きによって多くの感覚器官が活発に働き、感覚細胞、脳細胞や筋肉細胞の樹状突起や軸索が伸びるという点で大変大切なことです。しかし、こうした活動を通して脳の神経細胞に記銘される回路は無駄の多いものであったり、混乱する回路ができあがることも考えられます。

無駄な経験は当然記銘され、繰り返すことによって強化されます。新しい動きの習得の場合には、過去のできあがった回路を利用し習得していきます。したがって、当然記銘され、記憶された無駄の多い回路を使うことになり、感覚野と感覚連合野の働きや過去の痕跡の影響を受けることになる点は問題でしょう。

5 社会的存在となるために

私達人間は、知性を持った存在であるとともに、社会的存在ですから、社会とのかかわりなしに生活することはできません。社会と密接にかかわって生きていく存在です。

社会とのかかわりは、子ども自身にとっていろいろな手段の体系をつくる基盤になるものです。同時に概念や思考を客観化するためにも、また、感情や興味を持つなど、精神化においても極めて重要な役割を持つものです。

モンテッソーリは「宇宙的存在に気づくこと」、「個の尊厳」を大切にすることによって、「相手を大切にすることなどを、教育の基本に据えています。ところが、私達が今、生きている社会は、これとは程遠い状況にあるようです。

❁個の確立と社会との調和

私達は知性を持った存在であり、かつ社会的な存在であるために、常に次の二つのことを大切にする必要があります。

✿社会生活と、私生活とのかかわり

個人はその社会全体を構成している大切な一部分ですから、社会と直接かかわっている存在です。個人は、社会と調和を取ることが大切で、自分の生活だけを最優先（自己中心）することはできません。

たとえば電車のドアー付近に座って、乗客の移動を妨げている人達は、「座りたい」という自分の要求だけを考えて（自己中心）、公共の乗り物の中でのマナー（調和をとる）を欠いているのです。

花の世話をする

✿ 社会生活と、私生活のけじめをつける

社会は個の集合体ですが、社会生活は私生活の寄せ集めではありません。社会は、社会を構成している大勢の人達が共有できるものであることが大切です。私生活では私のために必要な行為であっても、社会生活では慎まなければならないことがあるのは当然です。

たとえば、自分の部屋で何をしても構わないし勝手だという感覚しか持ち合わせていない人達は、自分の部屋（個）と、社会生活を区別する判断が育っていないのです。その人達は、社会的なマナー違反を注意されると、自分の部屋でやっていることを注意されたかのようにキレて逆上するのです。

このような点で問題になっている人達は、個人は社会と調和を取らなければならないという事実とともに、社会の秩序を保つのは自律した個人であることを学ぶ必要があります。

✿ 現代の社会の傾向

現在の社会のシステムは、便利であるのが特徴です。

たとえば、ある調査によると、コンビニエンスストアに入店する過半数の人は、計画的に買い物をする必要はなく、何とはなしに店に入り、そのときに気づいたものを、また、目に付いたもので欲しかったもの、買っておいてもよいなと考えたものを、無造作に買っていく傾向があるというのです。

コンビニエンスストアは、ＰＯＳシステムなどの活用により、マーケティングが十分になされ、高度にプログラム化された流通システムです。顧客の代わりに、何が欲しいかを考えて店頭にものを並べているのです。

また、買い手の方も要求充足が遅延することはほとんどありません。たとえば、夜中にいなり寿司が欲しいと

思えば車でコンビニに行き、何か飲みたくなったときには膨大な数の自動販売機が街中にあり、いつでもどこでも渇きを癒すのに苦労しないようになっています。インスタント食品、レトルト食品、ファーストフードチェーンなどがあり、さらに、クレジットカードなども欲望の即時充足を支援しているのです。

このような現代のシステムの中で生活する人間は、便利で過保護な環境によって人間の「自律性」を奪われ、それを失いつつあります。

「感じること」、「待つこと」、「我慢すること」、「計画を立てること」、「自発的に何かをすること」、「行動の意味を考えること」など、人間の能力の大切な幾つかは、すでに使わないですむようになっており、失ったものも多いと考えられないでしょうか。

小林登教授は「現在の小児科学では、先進化、さらには都市化に伴って、それぞれの文化的な要因も絡まって、育児がいつも自然に行われるとはかぎらない事例を、臨床の場でしばしば見ている」と述べておられます。

✿ 解決のために何が必要なのか

子育てを通して、親も子も成長することが大切です。さらに人間として自律と「絆」、すなわち人間としての連帯を求めていくことが望まれます。

社会的なシステムの仕組みを学びその便利さを理解した上で、依存ではなく、「活用する」ことによる能力の向上を考えなければならないのです。

「共感的理解」を高めるために、イマジネーションの能力を磨くこと、感性を磨くこと、相手の身になって感じたり、考えたりできるように努力することが必要でしょう。

曽野綾子は、「虚の空間（現代教育事情）」の中で「教育の視点から社会を考えるとき、そこに見えるのは、「ぽっかり開いた真空状態の穴」、「虚の心情」なのである」と述べています。

そして、「子ども達が生きるためには、さまざまな技術がいる。数学ができることも、コンピューターをいじることも、車が運転できることも、確かに一つの生きる技術ではある。しかしその前段階がある。ある程度の長距離を歩けること、泳げること、暑さ寒さに耐えられること、火を燃して調理できること、立ち続けられること、少しは重いものを持って歩けること、雨、出水、地震、大雪など外界の異変に対処する才覚があること、そしてその延長として、交通機関、水道、電気、橋、舗装道路などが失われた中で、生きられる技術がいるのだが、そうしたものは、ほとんどないに等しいのである。そしてこういう人間は、本質的に生きる資格がないと、いわれたことも考えたこともないのである」と実態を指摘しています。

これらは、人としての生きる力といってもよいでしょう。生活する力を育てるためにも、自分自身は何ができるのかを知るためにも、実体験を重ねることです。これらすべては日常生活の領域で、大切であると指摘してきたことばかりです。お手伝いができる、部屋の整理整頓ができる、電話の応対ができる、人に親切にできる、感謝ができる。さらに、機械や技術などから自由になるなど。

モンテッソーリがいう、宇宙的関連に気づくこと、個の尊厳を大切にすることによって、相手を尊重することの意味を考えてみることが大切でしょう。

人間関係の育て方を学ぶために、まず親子関係から、続いて友達関係へと発展させることで、無理なく進めてほしいものです。

人間として、自由と規律の中での生活をすること。人間は社会的動物であり、文明を享受して生きる知的存在であることを思い起こすこと。それはつまり、原点に戻って考えることが必要だということだと思います。

今後も、社会システムは高度な進化を続けるでしょう。過剰適応が、やがては甚だしい不適応につながることは、これまでの生物の歴史を見れば明らかです。前者のわだちを踏むことのないようにしたいものです。

7章

逸脱発育と正常化

逸脱発育から発達の本筋へ

1　成長の法則

「私達の目は、成長という事実に慣れきってしまい、成長の不思議さを感じなくなっています」とモンテッソーリは言いました。私達も、この成長の事実を先入観なしに見ることを心掛けなければなりません。

成長のプロセスは、「内面指導力」と呼ばれる目に見えない力に支配されているとモンテッソーリは考えています。子どもはすべて内面指導力を持つというのです。

⁂　成長の一般的な特徴

・どの生物も、定められたパターンに従って発達する。

・この発達は、生物自体が環境の中から、本質となるものを取り入れようとする選択活動のプロセスである。

・取り入れられた外的な要素は、生物の内部で消化され同化され自分自身の一部となる。

成長の法則については、モンテッソーリだけでなく、ピアジェなど多くの心理学者も指摘していて、心理学や生物学では一般的なこととして知られています。

日常生活：お茶をいれる

子どもは、成長の過程でいろいろなことに出会いながら、自分自身をつくり上げていきます。その出会いは、一人ひとり異なり、各々の個性をつくっていきます。子ども達の成長の様子を見ると、各人各様でみんな異なった成長をしています。

成長の過程での出会いは、幼児（人間）にとって望ましいものもあれば、そうでないものもあります。その結果、本来あるべき姿から逸脱して発育している、気になる子どもの成長もあります。

そこで、次に、気になる子どもについて考えてみましょう。

逸脱発育とは

逸脱とは本筋からそれることで、逸脱発育とは、成長の本筋から離れた発育をすることをいいます。

モンテッソーリ教育では、「成長しつつある子どもには、二つのエネルギーの流れがあって、その二つがどのようにバランスを保ちながら交流するかが、何よりも大切なこと」といいます。

流れの一つは、体の肉体的なエネルギー、特に自発的な運動に見られる筋肉エネルギーであり、いま一つは、知性と意志の働きによる精神的エネルギー（精神的な力）です。そして、これら二つのエネルギーの流れは、決して単独で働くことはないといいます。これがモンテッソーリのいう本筋です。

子どもの発達には、この二つのエネルギーが互いに作用し合う必要があります。これらが互いに離れて単独に働いたり、部分的に切り離されて働くようなことがあると、本筋から離れ正常な発達から逸脱するというのです。

二つの逸脱

モンテッソーリは、逸脱を、肉体的逸脱発育と精神的逸脱発育とに分けて考えています。

肉体的逸脱発育には、原因となるものもさまざまあるといわれます。特に、現代ではいろいろな原因が数多く挙げられていますが、モンテッソーリの時代の状況とはかなり違っていることが考えられます（これらについて述べるのは本筋から外れますので、別の解説書でお調べください）。

精神的逸脱発育に関してモンテッソーリは、「これらは、子どもの中に潜む内面指導力によって定められた種のパターンが、何らかの災難によって、精神面に起きた変化の結果として現れたものである」として次のように述べています。

(1) 子どもが何かをしたいという要求を持っているのにその動きが抑えられている場合。

(2) 子どもの意志を不必要に大人の意志で代用してしまう場合。

(3) 自分勝手に振る舞うようにされている場合。

これらは、現代の心理学でいう親の育児態度の(1)厳格型、抑圧型、(2)管理型、(3)自由放任型に相当すると考えてよいでしょう。

✿ 逸脱の原因

モンテッソーリは、親または保護者の育児態度が子ども達をどのような心理状態に追いこむのかということについて、次のように述べています。

子どもは、自分が好ましくない状態に置かれていることを感じ、自分でもどのようにすればよいのかも分からず、どこに、また、どのような方向に自分が駆り立てられているかも分からないで、自分を失っている状態にあるのです。

精神的エネルギーは運動の中で肉体化して、動作する人間の統一を生じさせなければなりません。しかし、逸脱した子どもの場合は、大人の干渉などによって、また、環境の中で何らかのきっかけがないなどの理由で統一が成功しなかったときに、精神的エネルギーと運動が分離して発展し「分裂した人間」となり、逸脱した行動を取るようになりますとも述べています。

さらに、逸脱した行動の例として、関係のある言葉を見たり聞いたりしただけで、精神的に阻止が働いて反抗が起こり、どの通路もふさぎ、何もしない前から疲労するような現象が起こることがあります。これらは子どもの心的阻止と見られるもので、意志の領域外にあって、外から押し付けられる思想の受け入れと理解とに対して無意識に反抗して、精神的阻止の状態になると指摘しています。

このようなことは、私達大人でも感じたり経験したりします。しかし、大人から見たこうした子どもは、言うことを聞かない頑固な子どもとして、逸脱した行動と取られやすいのですが、実は、「阻止の心理状態」にあると見なされるものです。

きれい好き

※ 発達の本筋へ（正常化）

逸脱した発育行動を正常化させるためには、どのようにすればよいのでしょうか。

肉体的逸脱の場合は、医学的な治療の必要なことはいうまでもありません。

精神的逸脱の場合でも、医学的治療が必要ですが、中には医者に行くほどでもない、ただ、気に掛かる程度という場合があります。

そのような場合に、次の二つのことが大切だとされています。
・子どもの精神的な障害となっているものを取り除くこと
・子ども自身が好きな作業に集中することによって、集中現象を体験すること
集中現象は精神の安定を引き起こし、精神の安定は、子どもを正常な発育に引き戻すといいます。

モンテッソーリは、この二点から、子どもを正常化へ導くことを、子ども達の行動の観察を通して知ったのです。

子ども達の正常な姿には、次のような特徴が見られるようになります。

すなわち、秩序への愛着、仕事への愛着、現実への愛着を見せ、深い自発的集中力が認められ、さらに、静けさを愛し、一人でも喜んで作業するようになります。さらに、所有本能の純化（必要以外に所有したいと思わないし、他人が必要なときに、それを役立てることを好むなど）、素直さ、喜び、自立心と独創力、自発的な自己訓練、好奇心からではなく真の自己選択から行動を起こす力などを持つようになります。

特に、子ども達は整備された環境の中で、作業に夢中になる（集中する）ときがあります。確かに、集中現象は、子ども達に精神的安定を呼び起こします。私達は、逸脱していた子ども達が後に、正常化された行動を示してくれたという経験を何度も体験してきました。これは、逸脱行動から正常化への道を子どもが自ら歩むようになったと見ることができるでしょう。

✿ 現代の気になる行動

現代の子ども達のいろいろな気になる行動（逸脱発育）は、一概には言えませんが、モンテッソーリの時代のそれとはかなり違った状態になってきていることも考えられます。

たとえば、不登校、学級崩壊、注意欠陥または多動性障害、いじめ、ひきこもり、言語障害、学習障害、家庭内暴力、暴力を振るう、心気症（妄想性障害、身体醜形障害）、人格障害（多重人格）、自閉症、精神遅滞、緘黙《かんもく》、チック症状、対人恐怖（視線恐怖、自己視線恐怖、自己臭恐怖）、ストレスなど。

気まま志向、自己チュー（自己中心的）、マナーを知らない、腹が立つ～アタマニクル～ムカツク～キレるなども、現代の子どもの気になる行動の一つであるといえるでしょう。

現代の逸脱行動にかかわる問題は非常に多いのですが、ここで、幾つかの症候例について触れておきましょう。

・自閉症とは、先天性の脳機能障害とされており、社会性やコミュニケーションなどの領域に障害があるとされています。

・アスペルガーとは、脳の機能障害であり、広汎性発達障害の一つとされています。

・イデオサヴァンは、知的発達の遅れがありながら、ある特殊な分野に関して天才的な才能を示すことがある場合です。

・腹が立つ～アタマニクル～ムカツク～キレると変化してきています。

キレる子は「まじめで目立たない」、「一人静かに机に座っているタイプ」と、いう指摘があります。ごく普通の子、よい子を演じている子が危ないともいわれます。逸脱は、いろいろの悩みが一気に溢れ出るときに、突然予期しないときに、また、何気ないきっかけで起こす場合もあります。複雑な原因によって、さまざまな様相を呈するのが特徴です（※参照）。

これらはすべて外面的に見ることのできるものですが、これ以外に内面の問題もあります。その例を挙げると、自己受容の欠如（自分の内部に起こってくる欲求を、過度な反応によって解決しようとし、正常な反応によって処理することができない）、自己中心的、未熟、依存性、視野が狭い、表現能力の欠如、非社会的、不満感、虚脱感、わがまま、耐性の欠如、ストレス、コミュニケーションの欠如、対人関係形成不全などがあります。

また、児童虐待のような大人の行為も気になります。これは、食事、入浴、就学、などの養育を放棄するような場合を言います。現代はこのようなネグレクトが急増しています。

※ 治療

現代では、逸脱行動の程度が重篤であるとき、これらの治療法として心理療法が取り上げられています。このことについて次に簡単に述べておきましょう。

心理療法とは、心因性の原因による適応障害者を、薬物投与などの助けを得ながら、心理的ないろいろの方法を用いて再適応に導く治療法です。その目的は、外面的に現れた症状や異常行動を除去するだけではなくて、むしろ患者自身が、社会生活へうまく再適応していけるように仕向けることがねらいです。対象は主に神経症ですが、最近は精神分裂病や、子どもの行動異常にも多く試みられるようになってきました。

これには、心理劇、箱庭療法、遊戯療法、グループ療法、作業療法などがあります。その治療の根本は、患者に自由を与えること（治療者に危害を加えないこと以外）、作業（主に自由に選んだ作業）の中で患者の抑圧されたものを解放していくこと、好きな作業に一生懸命に打ち込み集中することなどにより、自己治癒力を引き出すことにあり、その成果から、つまり自ら満足を得ることによって治療の効果が期待されているものです。

✿ 箱庭療法

この療法に用いられる箱庭は、サイズは七二×五十×七㎝の大きさで、外側は黒色、内側は青色に塗った箱です。その他に種々の玩具、人、動物、植物、乗り物、建築物、柵、石、怪獣などがいろいろと用意されています。子ども達がこれらを好きなように使って作品をつくることによって、子どもの自己治癒力を引き出して治療を行う療法です。最近では、遊戯療法やカウンセリングを併用する場合が多くなっています。患者の意志だけに任せて、箱庭をつくらせることに固執すべきではない、といわれるようになってきました。患者の自己治癒の過程をともに歩む態度で接することが重要になってきています。問題が複雑になってきているためのようです。この行動を観察した事実の解釈は、全過程を振り返って行われます。言語化しないのですが、子どものつくった箱庭の作品を理解することは治療上必要です。

これらは、ユングの分析心理学によって行われるようになってきました。

✿ 遊戯療法

言語表現力が未発達で治療への動機付けの乏しい子どもに対して行う、遊びを主な表現やコミュニケーションの手段とする心理療法です。遊びは、子どもの自己表現、伝達の方法であって、子どもの意識だけでなく無意識への理解と交流の手がかりを与えてくれます。自由な遊びによって、子どもは内在する自己治癒力が活性化するように援助を受けて、それを引き出します。治療者は、遊びによって情緒的な緊張から解放し、子どもの心身の成長力を信頼し見守っていきます。このとき、治療者との治療的人間関係を基盤として、治療が行われるのはもちろんのことです。なお、なぐりがきなど、遊び的要素を取り入れたり、箱庭療法の併用などが行われています。

✿ ロールプレイング（役割演技）

人工的につくられた場（たとえば、教育の場、心理療法）において、自発的に何らかの役割を演じることによって、その立場にいる人の行動を理解させて治療する方法です。

✿ 森田療法

この療法の基本となる考え方は、問題になっている精神相互作用を打ち切ることによって、その人の本来持つ生の欲望を引き出すことにあります。そのとき、不安に逆らわず不安をあるがままに受け入れ、よりよくなりたいという「生の欲望」に従って、行動していくことを体得させるものです。

その他、Ａ・エリスによる論理療法―理性感情療法、合理情報療法とも呼ばれる―のように、治療的には非適応的信念によって不適応が起こっている場合に、反論したり、論破することによって、合理的な信念を身につけさせて治療する方法もあります。

✿ 治療の八原則

⑴　子どもと温かい友好関係をつくる（ラポート）。

⑵　あるがままの子どもを受け入れる。

(3)　子どもとの関係で許容的な感情をつくり出す。
(4)　子どもが表出した感情を敏感に察知し、子どもに「おうむ返し」に返し、自分の行動を治療しやすいようにする。
(5)　子どもの自己解決の能力を信頼すること。選択したり変化しはじめるかは、子どもの責任である。
(6)　治療者は子どもに指示することがないこと。子どもがリードし治療者が従う。
(7)　治療は急がない、徐々に進む過程を理解すること。
(8)　子どもに治療関係での責任を自覚させるために、必要な制限を与える。

この心理療法の治療と、モンテッソーリが目指した教育法を比較してみると、現代の精神治療、心理療法の治療原則と、モンテッソーリの正常化への道は、すべてにおいてよく一致していると感じさせられます。

2　子どもを育てる

子育ては、かつてのように、ごく普通のことではなくなってきたともいわれます。

❋　親になる

かつて、大家族時代であったときには、子ども期に弟妹の子守りをしたり、兄姉の子ども（姪、甥）の成長にかかわった上でやがて自分が親になったり、また、姑達との同居がごく一般的でした。そのころとは、まったく違うのが現代の子育てです。

自分が親になってはじめて、生命の発生とその発達過程を間近に体験するようになってきているのが現代です。

現代の親達にとっては、子育てそのものが未知の体験です。本を読み、親に聞くこと以外には、助け手もいない。一切の準備なく急場に間に合わない場合も多く、育児に取り組む大変さが、育児ストレス、幼児、児童の虐待を生む結果にもなっています。

親として成熟するためには、子どもの発達とともに、親の本質に目覚めて成長していくことが大切です。次に、子どもの発達の各期における親の役割を簡単に述べることにしましょう。

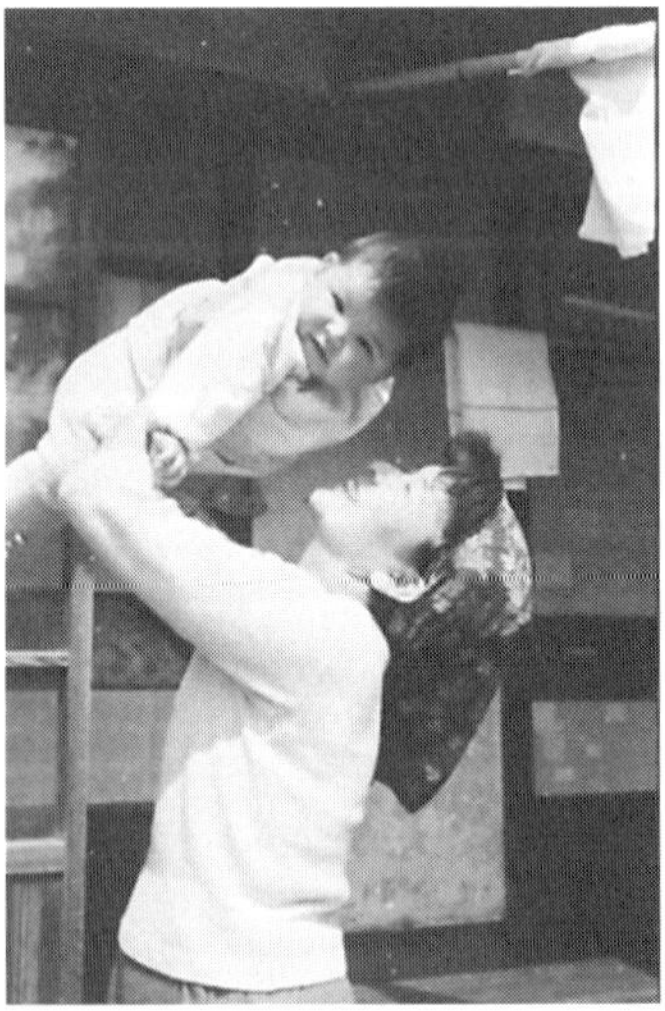

親になる

✿ 乳児期

わが子の生命に対する責任を自覚し、適切なケアーを子どもに提供する努力が大切なことは言うまでもありません。自分に欠けている子育ての知識や情報を得ることも大切なことです。

この時期に大切な子育ての知識や情報についての多くの育児書があります。特に、近年注目される子どもの科学的研究によりますと、赤ちゃんは誕生時から複雑な学習を行う力を持ち、知的に有能なことが知られてきました。なかでも感覚器官は特に有能で生後数週間のうちに、親の匂いや声の違いを識別しているというのです。

また、親の養育態度やコミュニケーションの特徴などについて、赤ちゃんは、その質についても学習できることが分かってきたというのです。

ケアーを十分に受けられなかったり、温かいコミュニケーションを欠いていると、子どもの健全な発達が期待できなくなることも考えられます。

そして、毎日の親とのかかわりを通して、乳児は基本的な人間観を形成するといわれています。温かい養育によって、「人間は信じるに足る存在」という素朴で重要な概念が、乳児の内面に形成されます。反対に、放任や虐待からは、人間への不信感が生じてしまうといわれます。そして、これは、成人期に至るまで、影響を与えるともいわれています。

モンテッソーリが、子どもから学んだという次の事柄についてのキーワードを思い起こしてください。吸収する精神（吸収する学び）、自由な環境、自己教育力、敏感期、（臨界期）、精神的胎児、人格形成など。

✿ 幼児期から児童期

社会性を身につける時期です。子どもは社会生活のルールを身につけ、広い社会において社会的関係を確立する時期に入ります。

感覚的で具体的な段階から、抽象的な段階に移ったのです。そして、知的活動が活発になってきます。この時期には事物間の関連性を確立するようになります。

身につけてほしい行動ができたときに、できるだけ誉めること。身につけてほしくない行動をするようなときには、真剣な態度で理由を説明して、なぜそれがよくないことなのか言って聞かせることが大切です。また、子どもに真剣に立ち向かう姿勢や気持ちが大切です。表面的でその場かぎりの言葉は何度言っても、子どもには通じません。子どもには、このような言葉を聞き流す習慣ができている場合が多いようです。問題は、叱り方にあります。親は自分の感情をそのままぶつけないことです。また、子どもの全人格を否定するような言葉「駄目な子」、「あんたなど大嫌い」などは、絶対に言わないように心掛けましょう。

さらに、親自身の心身の安定を維持するためのサポートネットワークを積極的に確保する努力も欠かせません。

夫婦で子どもに向き合う

夫婦関係は、親子関係よりも家族全体の対人関係ダイナミズムに大きくかかわっていることが近年明らかになってきました。困難な役割を親として果たしていくためには、夫婦二人がどれだけお互いの苦労を共感し助け合っているかが、かつての時代には考えられないほど大きな意味を持つことが判明してきたのです。また、その研究は次のことも指摘しています。

母親の夫に対する信頼感や愛情の変化が、父親の子育て参加の程度と、密接に関係していることが分かってきました。調査によると、夫に対する妻の信頼感は、出産の前後で大きく変化するとされています。特に、子育ての初期にどれだけ夫婦が協力し合えたかによって、妻の夫に対する信頼感が再構成されます。その後の夫に対する愛情度にも影響することが示されています。これらのことから、この時期に夫婦の協力や会話による交流が大切であることが分かります。

夫婦で子どもに向き合う

悩む親

親の陥りやすい欠点

「親の抱える問題点について」の意見を簡単に紹介します。

「子どもを叩くことがどうして悪いのですか」という質問を、しばしば聞くようになってきました。また、調査によりますと、比較的若い世代の母親では、子どもが言うことを聞かないときに叩いた経験のある人は、八五％にもなっています。

「はやく、はやくしなさい」と急がせることや叩くなどの行為は、親の側の身勝手な都合や親の中にある潜在的なストレスなど、親中心的な理由に対して子どもが従わないときに発生するようです。

親が、子どもの思いや言い分、主張などが理解できないとき、子どもは親の言いつけが分からない、わがままな存在に見えます。親の行動を邪魔しているだけの、「わからずや」に見えることすらあります。

そこでなおさら、せかしたり、叱ったりする行動が生まれると考えられます。

私達の体験では、子どもの行動もまた、子どもなりにすべて「つもり」があり、理由があるようです。両方にこのような言い分がある場合、どちらが優先されるべきでしょうか。

子どもの理屈や言い分をじっくりと感じ取れる心のゆとりがあれば、親は子どもの理屈や言い分を理解し、それに興味を示したり共感したり、子どもをほほえましく、ゆったりと見ることができるものです。子どもはそのように考えていたのかということを納得できるようになります。

ところが、近頃、子どもの理屈や言い分を、じっくりと感じ取る心のゆとりのある親が少なくなってきているようです。親の心のゆとり、そのものが少なくなってきているようです。

さらに、個人の理由を超えた社会的背景ともいうべきものも考えられます。社会的背景の考察は重要なことですが、今の主題から離れますし非常に複雑な問題を含むもので、またの機会があれば触れることにしておきます。

✿ 話を聞こう

子どもの話を聞くということは、子どもの言いなりになるとか、子どもの話す内容を一〇〇％受け入れるということではありません。

子どもの場合、親との関係は、上下関係であると同時に、保護—被保護の関係にあるのです。この関係の中で「子どもの話を聞く」とは、子どもの思ったり、考えたりする世界を理解するということです。このときには、子どもの世界を理解することと、子どもの希望や願いを保護者の立場で了承することを、明確に区別して対処することが大切です。

子どもの思う世界を理解するとは、子どもの未発達な状態を知って、そのようにしか思うことができない子どもの気持ちを理解することであり、子どもの心情に親が寄り添うことを意味しています。それは、子どもの希望や願いを、何でも受け入れるという意味ではありません。保護者として、いけないことは「ノー」と言わなければならないのです。親は確固とした価値観に基づいた判断を示し、いけないことには、何度も「ノー」と言わなければなりません。親としてこれができるのは、子どもの生命を保護し、慈しんできたことで形成された愛情があるからです。

✿ 話を聞くコツ

子どもの話を聞くことについて、発達の各期の要点を指摘しておきます。

・乳幼児期…この期の子どもは、自己表現の仕方を知らないし未熟です。したがって感情の爆発という形で、自分の思いや考えを表したり、不快の感情を表したりします。この段階では、親は子どもの悲しみや、怒りの感情に付き合うことが大切です。

・幼児後期…この段階では、子どもは親に事情を訴えることができるようになります。その怒りや悲しみが引き起こされた事情を親は聞いてやることと、「大変だったね」、「悲しいね」、「嫌だよね」、「何々して欲しいんだよね」など、慰める言葉を掛けること、「寄り添うこと」をまず行うことが必要です。その後、子どもの感情の収まったころ、事実関係について言って聞かせること、こうした方がいいよとアドバイスすること、または、力づけたりすることが大切になります。

・児童期…この期は、比較的発育の安定したときです。幼児期に身につけたものを十分に繰り返すことによって完成します。意図的学習が著しくなり、運動も活発化します。幼児性を漸次脱却し、事物を客観的に理解できるようになり社会性が強くなります。子どもの話に口をはさまないで聞くことが大切です。

・思春期…子どもの話をできるだけ聞くこと、途中で話の腰を折らないように最後まで聞くようにします。そして考えた末に「君はどうしたらいいと思うの」とあくまで、自分で考えるように仕向けます。その後に、「(私なら）こう考えるよ、こう考えたらどうだろう」と、子ども自身の視野を広げられるように、短く、簡潔に、時には強く助言します。そして「私はこう考えるよ、あなたの参考になれば！」と、押し付けではなくあくまで、子どもの主体性を守ることを大切にします。

子どもの感情に付き合うときに大切なことは、子どもの感情に、親自身、自分の気持ちを揺らされないようにすることです。子どもの表現を「泣いても大丈夫」、「怒ってもぜんぜん平気」とほほえみながら、受け止めることが、子どもの「話しを聞く」上で大切なことでしょう。

子どもが話したがらないときに対応する一つの試みは、子どもの表情から受け取れる子どもの感情を、感じたまま言うことです。「辛そうだね」、「いらいらするんだよね」と代弁してやり、その後は待つ姿勢が大切です。

子どもの感情を収めるのを苦手とする親の要因として考えられる理由は、親自身が不安であるとき、怒りのコントロールを苦手とする（自分自身が怒りっぽい）場合が多いことが知られています。

※ 対人関係の苦手な子ども

最近、問題視されている自己チュウ（自己中心的）な子を取り上げて、その症状と考えられる原因や処置について考えてみましょう。

⑴ 症状

自己中心的で人の気持ちや立場を思いやることができない。相手の気持ちが分からないし、状況を察することに慣れていない。「どうせ自分は自己チュウだから」と居直り、「関係ない」と切り捨てる。それでいて、人のことが気にならないわけではないが、人の気持ちに対して共感することがない。視野が狭い。集団に入っていけない。集団所属意識が低いなどが挙げられます。

⑵ 原因

人とかかわる力の欠如が考えられます。人とかかわる体験が少なかったために、また、深くかかわらなかったために、他人の立場を思いやることができないのです。そこで、自分の思いだけで行動したり、自分の世界に引きこもり、居直ったりするようになります。

友達とのかかわりが少なくなったといわれていますが、その理由はさまざまです。習い事に行く、テレビやテレビゲームなど、一人で楽しく時間をつぶすものが身の周りにも、家の中にも溢れているのです。友達ができないので、またはいないので、学習塾や習い事に行く場合があります。気の合った数少ない友達（二～三人）との交わりが多いのです。

社会的、文化的状況が、自己チュウな子を生み出す温床になっているという事実もあります。

(3)　処置

多様な友達、気に食わない友達とも仕方なしにでも付き合うことが、自己中心性からの脱却を促進します。異質な人達との交わりの中で、自分の特徴や欠点に気づく機会が得られます。

また、思ってもいなかった他人の中によさを見つけることもあります。

「こうしたらどう思われるだろうか」、「こんなことをしてもよいのだろうか」と考える機会を与えるためにも、友達との付き合いを多くし、場を広げたいものです。

子ども同士のかかわりは、頼るだけでなく頼られる関係、助けるだけでなく助けられる体験、励まされるだけでなく励ましてやる経験など、ギブ・アンド・テイクのかかわりです。これが、自己中心性の脱却を促すのです。親をはじめとした大人達が人を大切にし、人とのかかわりのために努力する姿を見せることも大切なことです。

※ 参考資料

親のしつけ方が、子どもの性格形成にどんな影響を与えるのか、実験的研究によるしつけ方とその結果を紹介しておきましょう。

ハート・ラドとバーレソンの実験

・しつけ―① 親が子どもの意思を尊重しつつ、子どもに合理的な説明を行うことによって誘導する場合。

・しつけ―② 親が高圧的な言葉を使って子どもを脅したり、罰を与えるなど、力づくで親に従わせようとする場合。

・結　果―① しつけによって子どもの主体性が損なわれることがなく、しかも、セルフコントロール（自己抑制力）する能力を育てることを確認した。

・結　果―② 子どもの主体性や自己制御能力はもちろん、友人との対人スキルも育ちにくい傾向が見られた。

※本章内で、逸脱発育（行動）の一例として、注意欠陥または多動性障害、言語障害、学習障害、自閉症、精神遅滞、アスペルガー、イデオサヴァンなどが挙げられています。各障害の特徴についてここでは言及しませんが、一部の後天的な要因による言語障害を除き、これらの障害は先天的な要因によることが確認されており、後天的な環境などの要因によって生じるものではありません。

8章

数の領域

順序だてて考える力を養うために

1　数への導入

※ 数は、文明進化の必須条件

数の世界の発達は、文明進化の必須条件といえるでしょう。

未開社会の人々は、数えることもできませんでしたし、その必要もありませんでした。

人類の文化が進歩し、狩猟生活の時代から人々が集まって社会をつくるようになり、農耕の時代へと進むに従って数の必要性が出てきました。生活が複雑になり人間の数が増えるに従って、数えることの必要性がますます増えてきました。

現在の数の世界の進歩は、数千年にわたって、世界の無数の数学者と幾多の文明の結合の結果として生まれてきたものです。現実の問題の必要性から考えられたものであり、さらに、いろいろの国との文化的な交流の結果、生まれてきたということができます。

私達は、質量のヒンズー、アラビアン記号、一〇を基礎とするバビロニアの数体系を使うようになっています。

数は現実の必要性、文化的な必要性に伴って、思考と思索から発展してきたものです。

たとえば、広場の広さを測ったり、生活物資の貯蔵、織物の生産、好機の決定など、われわれの生活に深くかかわり、意識する、しないにかかわらず、現在ではなくてはならないものになっています。

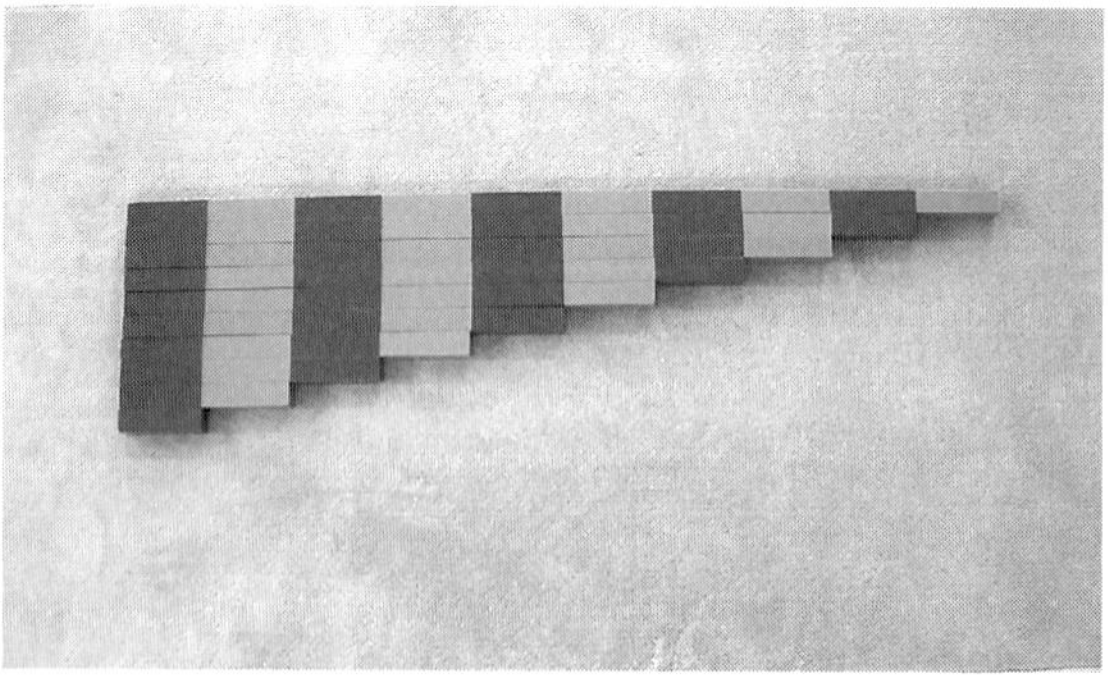

教具：数の棒

数学の基礎である順序、計算、正確さと抽象は、人間の自然的傾向です。その意味で数学は、人間の自然的傾向を反映したものであるということができます。

今日の生活においては、なおさら数が必要です。順序を決めたり、秩序づけるためにも必要です。人が自分の環境の中で、自分自身をよく知るためにも、機能するためにも、外的秩序が必要です。また、内的に平静な正確な態度を形成するために、秩序が助けになっているのです。

精密さとか計算は、人が仕事を成し遂げようとする場合に成功に導くものとして機能し、電車に乗る、街を歩くといった現実的問題においても重要な役割を果たしているのです。数学は人間の生活から離れて存在する技術的な道具ではなく、生活とともにあるもの、生活の内にあるものといえるのです。

書かれた記号（数字）と数の概念　—数詞と数字と概念の一致—

書かれた記号と、数の概念の理解とは、数の理解への必要な入り口となっています。子どもの数の最初の認識は、数詞（ことば）と数字（数を表す記号の名前）と概念（意味）を連合させるための第一歩です。子どもは、生活の中でも、歌や物語の中や大人との会話でも数に出会います。子どもらは、特別な状況や経験を数の名前に関係させせます。その名前は特別な状況に対して固有のものであり、子どもにとっては、一般的な可能性ではないの

教具：砂数字

です。子どもは順番に並んだ数を数えたり、計算もできます。しかし、筋道を立てて考えたり、言葉または書かれた記号と、数えるために集められたものとの間にある、関連する過程を未だ知ってはいないのです。

子どもは、数が量を表すために使われることを知りません。子どもの概念の獲得過程を見て、書かれた記号として数を見るという推移を、大人は援助する必要があるのです。

観察したものから概念へと数学的な考えを進めていくことは、言語において観察したものを言葉に代えて概念をつかんでいくといったように、子どもの経験の中でも同様に見出すことができます。

このことは各領域の中でも、同じように明らかにされていることであり、一つの領域からいま一つの別の領域に進むために役立っているのです。

いま一度振り返って考えてみましょう。日常生活の中で子どもたちは精神的機能を獲得するように援助されてきました。その能力は、思考のより高い抽象的レベルへの進歩のために必要なことなのです。また、精神と肉体の間の協力関係は、線上を歩くという線上歩行の中で、また、磨いたり、注いだりする活動の中で行っているのです。これらの行動を遂行するための正確な行動と論理的な順序は、自然に徐々に子どもたちの中に秩序よく吸収されてきたのです。

子どもたちはこれらの日常の練習を機械的に繰り返すだけではなく、より大きな世界への経験へと結び付けて進んでいくのです。

そして、これら日常の作業の中での肉体の動きと精神の働きとの協同は、次の感覚の教具の作業をする中で使われていくのです。感覚の教具の取り扱いを通して洗練された感覚は、子どもの知的基礎を形成するのです。

このように日常生活の領域から感覚の領域を経て、子どもは観察した事柄から、数という抽象的な概念の世界に至ることが可能になっていくのです。

2　知っておきたい「数の話」

「量」について

量には二つの意味があります。度量衡というのは、度は長さ、量は体積です。衡は重さを指します。これは狭い意味です。広い意味の量は体積、重さ、長さ、面積、密度、時間、すべてを指します。速度、エネルギー、人口、ＧＮＰ、公害問題のppmも包括しています。

子どもは、やさしくつかみやすい量から、次第に難しい量に入っていきます。

この順序を誤ると、分からなくなったり混乱したりします。量の理解のためには、体系的、系統的に指導することが大切です。

たとえば、幼児は大きいお菓子と小さなお菓子があると、大きい方を選ぶ知恵を持っています。この二つの物を比べて大きい、小さいを知ることが量の出発点です。

子どもは「暑い」、「寒い」、「冷たい」が分かります。これは温度という量への出発点です。

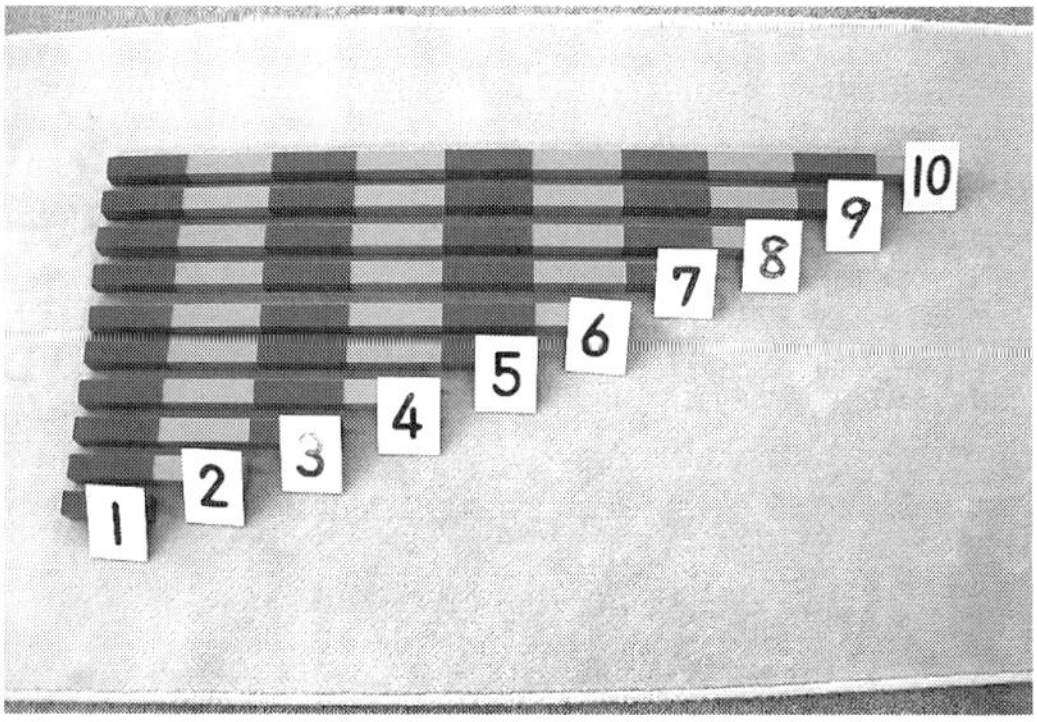

教具：数の棒と数字カードの一致

「長い、短い」という形容詞を理解することは、長さという量を知るきっかけであるとみられます。

このように、「数」がまだ出てこない段階でも「量」を理解することができるのです。

外界の状態は、感覚器官によって情報としてとらえます。このときの情報は多くの場合、量という形のものだということができます。量は重要であるばかりではなく、子どもにとって大変とらえやすいものなのです。したがって、量からはじめるのが大切なのです。

✡ 量の系統図

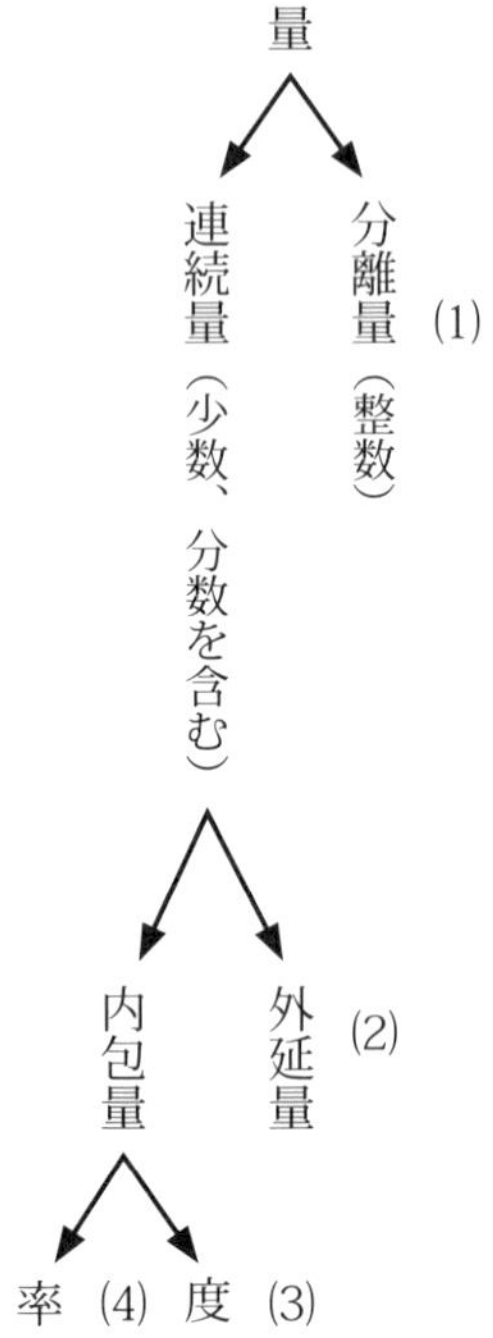

(1) 分離量は、その中にある一は、これ以上分けられないこと、互いに孤立していて、つながらないことが条件です。

たとえば、子どもの持っている鉛筆や、もらったお菓子は「いくつ」という数です。多いか、少ないかを表すものです。

連続量は、いくらでも分けられる量です。一緒にすると一つになって境目もないもの、たとえば、水の量のようなものです。

(2)　量の連続量は、外延量と内包量の二つに分ける必要があります。

外延量は、大きさ、広がりを表す外からも見える量です。これに対して、あそこの食堂は量が多いが、質が悪いなどといいます。このように内包量は見えない質の量のことです。

量とは何かと言いますと、それは、ものそのものではありません。「私は一六〇センチの身長です」というのは、身長そのものが一六〇センチあるわけではなく、私という人間の一つの属性が一六〇センチだということです。つまり、量とは、ものそのものではなく、ものの属性なのです。

外延量は加法が成り立ちます。ところが、四〇度のお湯に、一〇度の水を加えると、温度は冷えてぬるくなります。そのままでは足し算になりません。これは内包量だからです。

✿　数詞と数

(1)　「数」とは、「集まりの大きさ」というものを一般的にとらえたものです。1・2・3・この場合、「同じ仲間の集まり」であることが必要です。

「ものの集まり」の中で、最も小さいものは「1」です。

「1」個の集まりに、もう「1」個、同じ1個が加わった集まりの大きさは「2」個です。

さらにもう1個加わった集りは「3」個、さらにもう1個加わった集りは「4」個と呼びます。これらは自然数と呼ばれ、一つの系列が得られます。

1．2．3．……9．10．11．12……

このようにして得られた「数」の間には、一定の関係が認められます。

(2)「数詞」は、「集まりの大きさ」を示す「言葉」です。ミカン一個、人が三人、鉛筆五本などです。

(3)「数字」は、「数」を表す文字（記号）のことです。

※ 単位の導入

分離量は、1がはじめからはっきりと分かっています。たとえば人とかものである場合です。

ところが連続量では、1は決まっていません。水の体積では、1リットルが1とはかぎりません。1リットルの仕切りがあるわけではありません。1リットルは単位です。このように、外延量の1升とか、1メートルという単位は、人間が後から決めたものです。したがって、単位がどのようにして導入されたか、ということを知っておくことが大切です。

単位は直接比較、間接比較、個別単位、普遍単位の4段階順に区切って、丁寧に時間をかけて学ぶ必要があります。

(1) 直接比較

教具：つむぎ棒

たとえば太郎と次郎とで、どちらが背が高いかを比べる場合、物差しはいりません。二人を並べて、背を比べればすぐ分かります。この比較の仕方を直接比較といいます。

(2)　間接比較

直接比較ができない場合に使われます。窓の大きさと窓の大きさに合うカーテンの大きさを測りたい場合、窓は外せませんしカーテンはお店にあります。この場合は紐で、縦、横を測って、同じ長さの紐を持ってカーテンのお店に行くでしょう。これが間接比較です。

(3)　個別比較

運動場の縦の長さを知りたいときに、そんなに長い紐を使うわけにいかないので、代わりに歩いて歩幅で測ります。このときの歩幅にあたるものを個別単位と呼んでいます。

以上のやり方では、それぞれ欠点があります。そこで、普遍単位が必要になります。

(4)　普遍単位

王様、権威者や政府など国家権力が決めたフィートとかメートルといった単位、これを普遍単位と呼びます。日本でも奈良朝時代に国家が誕生し、納税のための年貢に穀物の体積の単位、桝目が考え出され、厳重に守られたそうです。

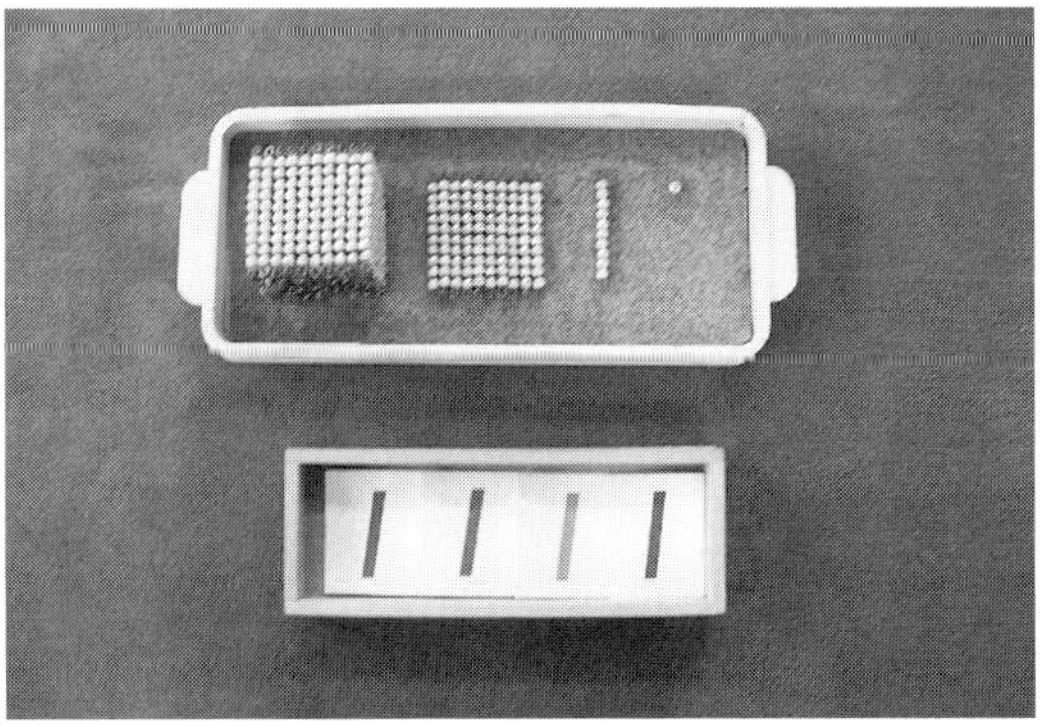

教具：位取りの紹介

私たちは、数という概念が、どういう経過をたどって表されるようになったかという、途中の段階をとばして、いきなり普遍単位を教えることが多いですが、それでは単位というものの必要性を理解させるのは困難です。普遍単位は、社会の進歩に沿って生まれてきたものです。また、個人だけでは生まれてこないので、社会の必要上生まれてきたものです。丁寧に、順序を追って理解することが大切です。

量から数へ

量から数の四則に入っていきます。四則とは、足す、引く、掛ける、割るという四つの計算法のことです。

幼児の数の世界は分離量（整数）です。

「これだけのものはいくつですか」と尋ねるとき、集合を考えているわけです。

集合はものの集まりで、「いくつある」というときは、無条件ではないのです。一つひとつが等質であることが必要です。たとえば、集合でりんごとみかんを混ぜたものを、三個と呼ぶのは正しくありません。大小は問いませんが、りんごだけで数えます。量は等質性が必要条件だからです。

また、集合から量へ発展するためには、1とみなされているものが、お互いに等質でなければならないのです。

数字と玉：1～10までの奇数、偶数さがし

以上のことを子どもは知りませんが、大人はこの数学の約束を知っていて、子どもが尋ねるようになると、「こ

れは……ですよ。」と答える必要があります。

3　幼児の数概念の獲得に至る過程

❖ 幼児の数概念の獲得

✿ 数量意識の芽生え

いろいろと種類の違ったものの中から、あるものを同じ仲間としてまとめることができ、他のものからそれらを区別することができなければなりません。すなわち、混沌としたものの中から秩序づけられた状態を経験する必要があります。

✿ 数唱に親しむ環境

幼いころ、お風呂の中で、1、2、……10が数え終わるまでお湯に入っていなければならなくて、一生懸命、数を数えさせられた思い出はありませんか。子どもを数唱に親しませるためには、次の条件が必要です。

・数唱を魅力あるものと感じる環境条件があり
・数唱をしてみることへの適切な働きかけがあること

セガン板Ⅱ：11～99までの数字と数量の一致

数唱は20～30と伸びても、ものの数を言えたからといって数が分かったとはかぎらない段階です。

✿ 物の個数を数えること

この段階では、次の条件ができるようにならなければなりません。
・対象物を自然数の系列にきちんと対応づけられる。
・対応づけが終わったとき、最後の対象に対応づけられた数詞がその集まりの大きさを示すものとして改めて言えること。

✿ 保存の概念（ピアジェによる）

並んだ碁石があります。一度15であると数えて確認したものを、ごちゃごちゃにすると、それでもう数が分からなくなる場合、数え直すと抜かしたり重複したりして間違えることがあります。
また、同じ集まりに付加したり、取り去ったりしないのに、違った結果を矛盾と感じない場合があります。このような場合は、保存の概念が成立していないといえます。
体積や重さのような連続量については、さらに困難であるといわれています。

✿ ある集まりの大きさと、別な集まりの大きさとの間の関係

(1) 数概念の基礎的側面

① ものの個数をきちんと（対応して）数えることができる。

② いったん数えるという操作によって確認された集まりの大きさは、並べ方のような見せかけが変わっても不変であることを知る。

この段階では、ものの集まりの大きさとしての数の把握ができたにすぎないのですが、大切な基礎となっています。

数概念の基礎的側面が理解できると、足し算と引き算（加法と減法）、掛け算と割り算（乗法と除法）が可能になります。

(2) 大きさの関係を知る

① ものの集まりと集まりを一緒にすればどうなるかの理解が必要。

② 順序性の理解も必要。

(3) 数が分かるということの内容

① 数詞が間違いなく唱えられる。

② 数字が読めたり書いたりできる。

③ 数詞や数字によって示される、最も抽象的なある事柄をさすのが「数」であることが分かる。

④ 「ものの大きさ」とは、集まりを構成するものが何であるかに関係なく、「同じ仲間の集まり」であることが分かる。

⑤ 数は、それが互いに過不足なく対応づけのできる、すべての集まりに共通する性質として、抽象されたものであることが分かる。

数が分かるとは、数詞や数字を媒介にして「数」そのものの性質を知り、それに基づいて数量にかかわる日常生活でのさまざまな必要事項を的確に処理できる力がついていることが大切です。

数は抽象的なものです。数詞や数字を媒介としないかぎり、事実上、数というものを扱うことは不可能です。それにもかかわらず、数詞や数字は、「数」そのものではないのです。

次に示すプログラムは上記のことを、子どもの動き、行為を通して理解するために具体的に示したものです。

4　数の領域プログラム

教員養成コースで行っている、数の領域プログラムを紹介しておきます。

※数の領域プログラム

(1)　数の紹介

①　数の棒

②　砂数字

③　数の棒と数字カードの一致

④　つむぎ棒

1000の鎖：1から1000までの連続したビーズを数える

⑤　数の記憶あそび
⑥　数字と玉
(2)　十進法への導入
①　位取りの紹介
・ビーズの紹介
・カードによる紹介
・ビーズとカードの一致
②　数の構成
・縦（位毎）
a.　ビーズによる構成
b.　カードによる構成
c.　ビーズとカードの一致
・横（大きな数）
aビーズとカードによる構成
(3)　十進法の機能
①　加法（ビーズとカードによる）
②　減法
③　乗法

④ 除法
* 並行練習…加・減・乗・除
① 切手あそび
② 点あそび
(4) 連続数
① セガン板Ⅰ
・ビーズの紹介
・セガン板Ⅰの紹介
・ビーズとセガン板Ⅰの一致
② セガン板Ⅱ
③ １００の鎖と１０００の鎖
④ ２乗（平方）、３乗（立方体）のビーズ（跳びかぞえ）
(5) 計算Ⅰ
① 加法
・へびあそび
・計算板Ⅰ・Ⅱ・Ⅲ・Ⅳ
② 減法
・へびあそび

・計算板
・暗算板Ⅰ・Ⅱ
③　乗法
・色ビーズの掛け算
・計算板
・掛け算の暗算板
④　除法
・計算板と暗算板

(6)　計算Ⅱ
①　小さい色ビーズのそろばん
②　位取りの教具
③　大きい色ビーズのそろばん
④　試験管の割り算

(7)　分数
①　分数の紹介
②　分数の計算

(8)　幾何の導入

(9)　時計

5 具体から抽象へ、数概念の把握

幼児の数の世界は、分離量（整数）です。長さという量から入っていくのが理解しやすいのです。

棒という具体物を使って、数を紹介していきます。次に、子どもは数字を使って数の書き表し方を知っていきます。そして最後に、この具体物と抽象的な数字とを一致させていきます。

これは、具体から抽象への原則に従って、量から数へと進めていくものです。

次には、棒とは異なったつむぎ棒（紡績の工場で使われている糸巻の棒です）を使って、この一致を示していきます。さらに、色ビーズを使って、具体物と数字の一致を繰り返していきます。最後には、碁石を使って一致を確かめ、量から数へと進んでいきます。

加法：ビーズとカードによる

概念を動きで示す

子どもに理解させるためには、概念（言葉）を子どもの理解に従って、動きとして示すことが大切であることを、提示の解説の中でも指摘しました。

数の領域では、特に数の概念がはっきりと、とらえられているかどうかが、数の理解の鍵になります。

たとえば、数の棒を使って数の紹介をします。これは集合としての数で、材料は2×2㎠の太さの角材を使用しています。赤と青で色分けされた棒で、数を長さとして示した教具です。この教具を使って数の紹介をするのです。

幼児の数の理解は分離量からはじまると前に述べました。子どもは量を理解することができます。この量の最も小さいものを1と決めて、その「集りの数」を数えていきます。すると、その量の数が分かるのです。

このようにして、量を数の世界に発展させ、数の四則を行うことができるようになります。

このときに、次のことを思い出しましょう。

・「数」とは「集まりの大きさ」というものを一般的にとらえたものです。1．2．3．のように。

・この場合、「同じ仲間の集まり」であることが必要です。「ものの集まり」の中で、最も小さいものは、「1」です。

・「1」個の集まりに、もう1個加わった集りの大きさは「2」個、さらにもう1個加わった集りは「3」個、さらにもう1個加わった集りは「4」個と呼びます。1．2．3．4．これらは自然数と呼ばれ、一つの系列が得られます。

ここで数の棒を使って、数の紹介をしてみましょう。

1の棒を使って、「これ（棒）は1（イチ）です。」「本当かな。では、数を数えてみましょう。」「数を数えてみます。1（イチ）。」それで（一番最後にかぞえた数、1．）、「これ（棒）は確かに1（イチ）です。」

2の棒を取り出して（孤立化して）、「これは2です。」「本当かな。数を数えて確かめて見ましょう。」「1、2。これは2。この棒は2です」と、確かめることができます。

また、3の棒を取り出して、「これは3です。確かめて見ましょう。」「1、2、3。これは3。この棒は3です」と確かめることも可能です。

※物と数詞、数詞と数字が一致していること

幼児の数概念の獲得の中で〝ものと数詞の対応づけが終わったとき、最後の対象に対応づけられた数詞が「その集まり」の大きさを示すものとして、改めて言えること〟が数を数えるということの大切な点です。このことを具体的に子どもに提示するのです。子どもは提示されたものを、自分の理解に従って繰り返していきます。1から3が理解できると、4から6まで同じように行い、続いて、1から6までを一緒にして、さらに繰り返し行い、次に進むのです。

このようにして、困難な概念を動きを通して示していくのです。もしも、教師や大人が面倒だからといって、自分のやりやすいように示したりすれば、子どもには数の概念の理解は困難になります。それで子どもは数の教具を避けるようになったりします。その提示では数が分からないからです。

切手あそび：切手を使って、加減乗除の基礎を練習する

9章　言語の領域

子どもの言語発達のために

近頃は、子どもの言葉の発達について、さまざまなことが知られるようになってきました。

胎内にいる子どもに母親がやさしい声で話し掛けると、子どもはいかにも気持ちよさそうにしているけれども、荒々しい声を聞かせると緊張したかのように身体をすくめるようなことも、特殊なカメラで撮影されるようになったと聞きます。胎児の耳に母親の声が聞こえたからなのか、あるいは、母親の声の持つ雰囲気を胎児が感覚的に感じ取ったのか、これだけでは分かりませんが、母親の声が、子どもの言葉の発達に大きい影響を与えていることは、すでによく知られているところです。

尚、本章では、筆者の考えに基づき、思想的な意味合い、また概念としての意味合いを含む場合に言語、日常的な会話などを指し示す場合は言葉という表記を用いました。

1　モンテッソーリは言語発達に注目した

モンテッソーリは、言語教育ではなく、子どもの「言語発達」に注目しましたと述べています。言語教育とは、子どもにどのように言葉を教えるかというところに大人の視点が置かれています。モンテッソーリが注目したのは、子どもの言葉はどのように発達していくのだろうかという、「言語の発達」そのものであったのです。この

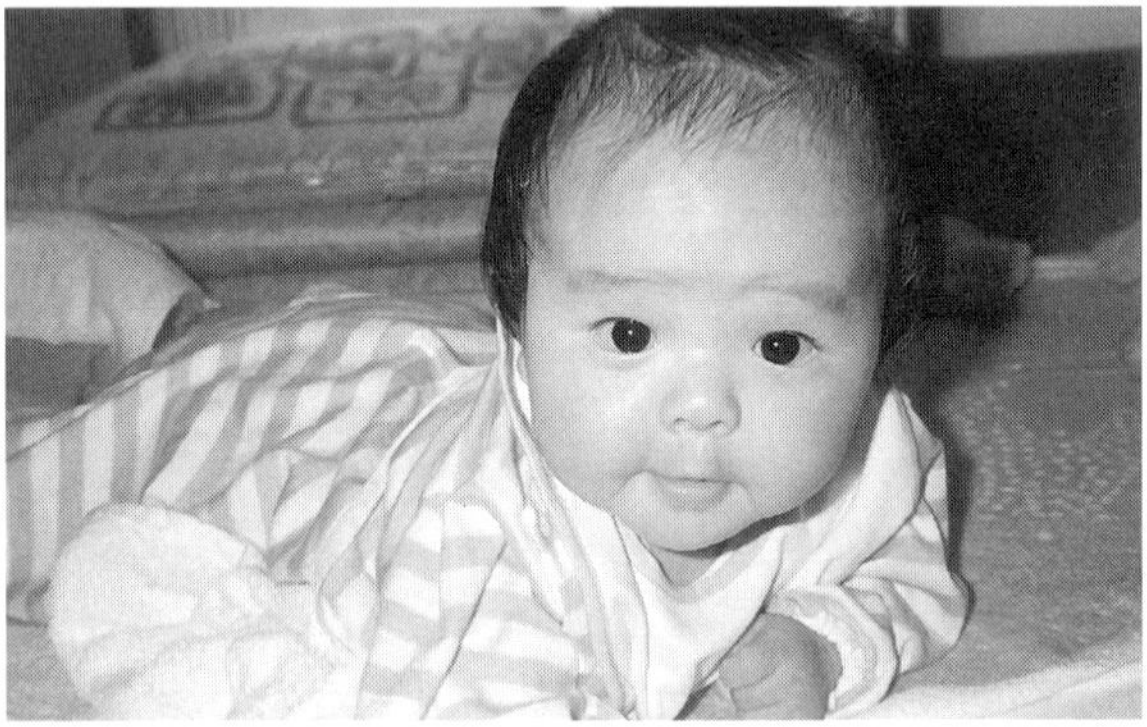
環境のすべてを吸収する

指摘はとても重要です。

率直に申しますと、私自身どれほど子どもの言語発達に注目しただろうか、と反省させられます。不十分な知識に縛られて、目の前の子どもを見ているようで実際には見ていなかったように思います。たとえば、生後すぐに叫声期がはじまり、一か月ほどで喃語（言葉を話す準備のための口の動きとそれに伴う発声）の時期に入るというようなことは知識として知っていても、言語発達として、それがどんな意味を持つものなのか考えなかったように思います。そしてまた、目の前の子どもを見ていても子どもが示す事柄の意味が理解できなければ、本当には子どもの発達を見ていることにはならないのです。

言語発達に注目するとは、非常に深い意味を持っています。まず、言語はどのように発達していくのか（言語の獲得）という事実に注目する必要があります。そのためには、子どもから学ぶ姿勢が大切です。次に、それがどういうことなのか、その意味を知るためには言語発達についての科学的知識が必要です。そして、人間にとって、言語とは何かという言語観を持っていなければなりません。

言語が異なるということは……

モンテッソーリは、言語は人間と動物を分けるものだといい、人間が社会生活を営むための手段であり、民族や国家を一つに結ぶものであり、他の民族と分ける壁であるといいます。ヨーロッパの地理的状況・歴史・異なる言語を持つ民族の交流などを考えるとき、このような言語観は、必然的に生まれたものということができるでしょう。しかし、日本のことを考えると状況は変わってきます。

日本は、ヨーロッパのように地続きの国境があるわけではなく、周囲を海に囲まれた小さな島国であるため、同じような言葉を共有しています。モンテッソーリの考えは頭では理解できても、実感として受け止める事柄が生活の中にあるわけではありません。ですから、伝統的に多くの日本人にとって言語とは、空気のようになくてはならないものだが、普段は意識さえしないものとして受け止められてきました。いわば言葉は無意識のうちに使われてきましたから、言語観はあってないようなものです。

日常的には大人は言葉の重要さをほとんど意識していませんから、子どもが言葉を覚えていくのも、ごく自然なことと考えられてきました。同時に「読み書きそろばん」は、生活するのに必要だから大事だとされてきました。本を読んだり字を書いたりすることは、話したり聞いたりすることよりも、ずっと大切だと考えられてきました。これは、日本の伝統的な言語事情を考えると無理もないことといえるのかもしれません。しかし、言語について意識しない伝統的な傾向からは、早く抜け出したいものです。

人の話を聞く

言語とは

モンテッソーリ教育の視点から子どもの言語発達を考える前に、言語について基本的なことを述べておきたいと思います。

私達は、「人類」というふうに、人間を一まとめにして呼びますが、地球上には、種々の異なる民族がいて、異なる言語を持っています。言語の種類は五〇〇〇種類もあるそうです。

言語が異なるということは、単に言語に使用する構成要素や構成法が相異するだけではなく、その言語を支える背景、土壌が異なることを意味しています。つまり、その言語を使用する民族の国の置かれている状況（日本なら、さしずめ、周囲が海に囲まれた島国といった具合）や歴史、地理的条件、気象、風土、生活習慣、そこから生まれた文化、伝統および、これらの総体的なものの中から培われた感覚、思考方法、価値観など、さまざまなものがありますが、それらが異なり、異なった複雑多様なものが言語を支える背景、あるいは土壌として存在しているのだということをも意味します。これらの相異があることを理解するのは、大変重要なことになります。

日本の場合は、周囲を海に取り囲まれた閉鎖性の強い島国の中で、ほとんどの人が日本語を話してきたという経緯がありますから、一つの国の中に多くの民族がいて、幾つもの言語が使用されている状況を理解するのはなかなか困難なようです。

日本のように言語事情の穏やかな国では、言語は空気のように、普段は意識されない状況にあります。しかし、子どもの言語発達を考え、言語教育について考えようとするなら、言語について、基本的なところから考えておく必要があると言わなければなりません。

気持ちを伝える

✿言語とは

(1) 言語とは、知・情・意の働きを音声記号、または、文字記号を使って、表現し、理解し、伝達する行為です。

(2) 言葉に使う音の観念（言語音の観念）は、どのようにしてできるかといえば、極めて幼児のときから年長者との意志の疎通を繰り返すことによって、言葉に使う音がどのようなものであるかを覚え、やがてそれらを組み合わせて、言葉を操るようになります。

(3) 言葉は抽象的記号であるということ。音声言語がまず基本となります。しかし、音声は口から発せられた瞬間に消滅し、残るのは話し手と聞き手の脳に記憶された言葉の意味だけです。意味は記憶として残りますが、このとき、話し手と聞き手の意味は、正確にぴったりと一致しているかといえばそうではありません。ここに音声言語の不備があります。この音声言語を補うものとして、文字言語が生まれたと考えられます。音声言語も文字言語も、ともに抽象的記号であることに変わりはありません。

(4) 音声言語の歴史は、人間の起源にまでも逆のぼりますが、文字言語の歴史は、せいぜい五〇〇〇年程度だと言われています。

(5) 知・情・意の働きを総称して、「心」の働きと呼びます。心の働きは、人さまざまであり、かぎりのないもののようです。この無限に近い心の働きを、有限の言語、記号に托さなければならないところに、「言語の難しさ」があります。

(6) 極めて幼児期に、言葉の基礎の約八〇％が形成されるといわれます。

(7) 子どもが言葉を話すようになるのは、話す以前に、潜在的な学習（経験）をしていることが大切です。その潜在的な要因と、子どもの発達自体の態勢が整ったときに、言葉を話すことが可能となります。

以上のような諸点を基本的な事項として押さえておいて、次にモンテッソーリの言語観について述べていきましょう。

2　モンテッソーリの言語観

これまでにも述べてきたように、モンテッソーリは、人間と他の動物を分けるものとして、「人間は知性を持つ存在としてとらえることができ、他の動物のように本能に導かれる生物ではない」、と考えています。

そのような人間にとって言語とは、一体何なのでしょうか、モンテッソーリは言語をどのようなものと考えていたのでしょうか。閉鎖的な島国に住み、大多数の同じ民族が同じ言葉を使用してきた日本人の言語観とは、少なからず異なる点があるように感じられますが、モンテッソーリの言語観は、私達が普段、考えもしないような点まで明確にしているように思います。次の三点から眺めてみましょう。

・人間にとって言語とは何か
・言語はどのように獲得されるか（言語発達）
・言語発達を助けるとは

会話を楽しむ

3　人間にとって言語とは何か

※ 言語は社会生活の基礎である

子どもが誕生したとき、その子が将来どんな大人になるのか誰にも見当はつきません。ただ、はっきりしているのは、人は誰でも他の人と調和を保って生きていかねばならないということです。人間は、内側からの成長によって自己実現の意欲を持ち、それを援助する教育的配慮を得て、全体的統一を持つ存在へと成長していきます。モンテッソーリは、人間は個体として崇高な精神を持っただけでは不十分だと考えています。自己実現への過程を歩むことは、同時に、社会の秩序を肯定し他者への愛を持ち、人間の本性を目醒めさせることと表裏一体のことであるから、人間は社会的存在として相互理解を持つことを重視しています。そして、この相互理解を可能にする手段は、言語をおいて他にはなく、言語こそが社会生活の基礎であると考えています。

※ 言語は同一集団の同意の表れ

言語は、ただの息、一連の音声にすぎません。しかし、ただの息、一連の音声を呼吸とは区別して、言葉に使う音声として一連の特定の音声に意味を与えたのは、その集団に所属する人々です。ある単語の概念を表すのに、他の集団では別の一連の音声を使用しています(分かりやすいように例を挙げましょう。日本語では「紙」を表すとき、「カミ」という一連の音声を使用しますが、他の民族では、「ペーパー」と発音するようなものです)。

どの種類の言語であっても、言語の最も小さい単位は音素です。音素の数は極めて少ないのです。しかし、音素の組み合わせは無数にあり、その組み合わせからつくられる単語はおびただしい数にのぼります。単語を形成する音素の集まりや、組み合わせには、もともと何の理論的な根拠もありません。しかし、私達が自分の思想を表そうとするなら、一連の音声を特定の決まりに従って、つまり文法や形式に従って叙述する方法をとらなければなりません。

このように、私達はある集団（民族とか、国に相当すると考えてよいでしょう）に所属しているので、その集団が認めている（同意している）文法や形式に従うことになるのです。

モンテッソーリはこのように、言語を同一集団の同意の現れと考えました。

※ 言語は、人間を一つの集団にまとめる

先に、言語は同一集団の同意の表れであると述べました。そうだとするなら、その集団が同意している言語を使用する者は自然に一つの集団にまとまります。集団は一つの国家を形成することを可能にします。つまり言語は、同じ言語を使用する集団を一つの共同体として包囲する壁の役目を果たします。この壁はまた、壁の内側にいる人間を一つの集団にまとめることを可能にします。

言語は、このように神秘的な力を持っています。環境の変形を私達は文

降園時の交流

化と呼んでいますが、この文化を決定するのが言語です。ですから、文明が崩壊すると、その文明を支えてきた言語は消滅します。インカ文明の崩壊は、インカ文明を支えてきた言語を消滅させました。このように私達は、明らかな事実を歴史の中に見出すことができるのです。

※言語は超自然的な賜物

言語に使う音素、単語の意味、文章の配列など、その起源はとうてい計り知れませんが、ことごとくその集団の同意に基づいていることは事実です（たとえば、私達日本人が日本語を使用するとき、日本語の決まりに従います。これはとりもなおさず、日本人という集団の同意に基づいた言語を使用していることになります）。

もし、私達が自分の思想を他者に伝えたいと思うなら、言語の一定の決まりに従って、自分の思想を表現し、伝達する方法をとらなければなりません。自分勝手な表現や伝達方法では、自分の意思や思想を他者に伝えることは不可能なのです。

言語は、自然が私達に与えてくれた一つの機能のように見えますが、実はそうではありません。集団の意識的知性とでもいうべきものによって生み出された超自然的な賜物なのです。そして言語は、極めて抽象的な賜物なのです。

※言語は人間の本質を形成する

言語は、人間の思想が複雑になれば、それに伴って複雑になります。音素の数はかぎられているのに、その組み合わせは無数にあり、そこから生れ出る表現には、かぎりがありません。言語という抽象的な記号は有限ですが、知・情・意の働き（心の働き）を表現し、伝達し、また理解するために、人間の思考は複雑に発展します。このように、言語は精神の働きと不可分な行為であり、言語は人間の本質を形成するものなのです。このような言語は人間に特有のものであり、言語は、人間と動物を分けるものであることが分かるでしょう。

4 言語はどのように獲得されるか

※「言語を生み出す機構」を持つ

モンテッソーリは言語についてさまざまな指摘をしています。彼女は医者であって、言語学者ではありませんが、その指摘は、言語の本質をずばり言い得て興味深いものがあります。

先に述べたことと重複しますが、人間は、もともと意味を持たない一連の息を、恣意的に、かつ社会集団の一致したしるし（記号）として使用して表現し、理解し伝達するという抽象的手段を獲得しました。

言語によって人間の本質は形成されると、モンテッソーリは述べますが、言語は遺伝するものではありません。にもかかわらず、人間が言語を獲得できるのは他の動物とは

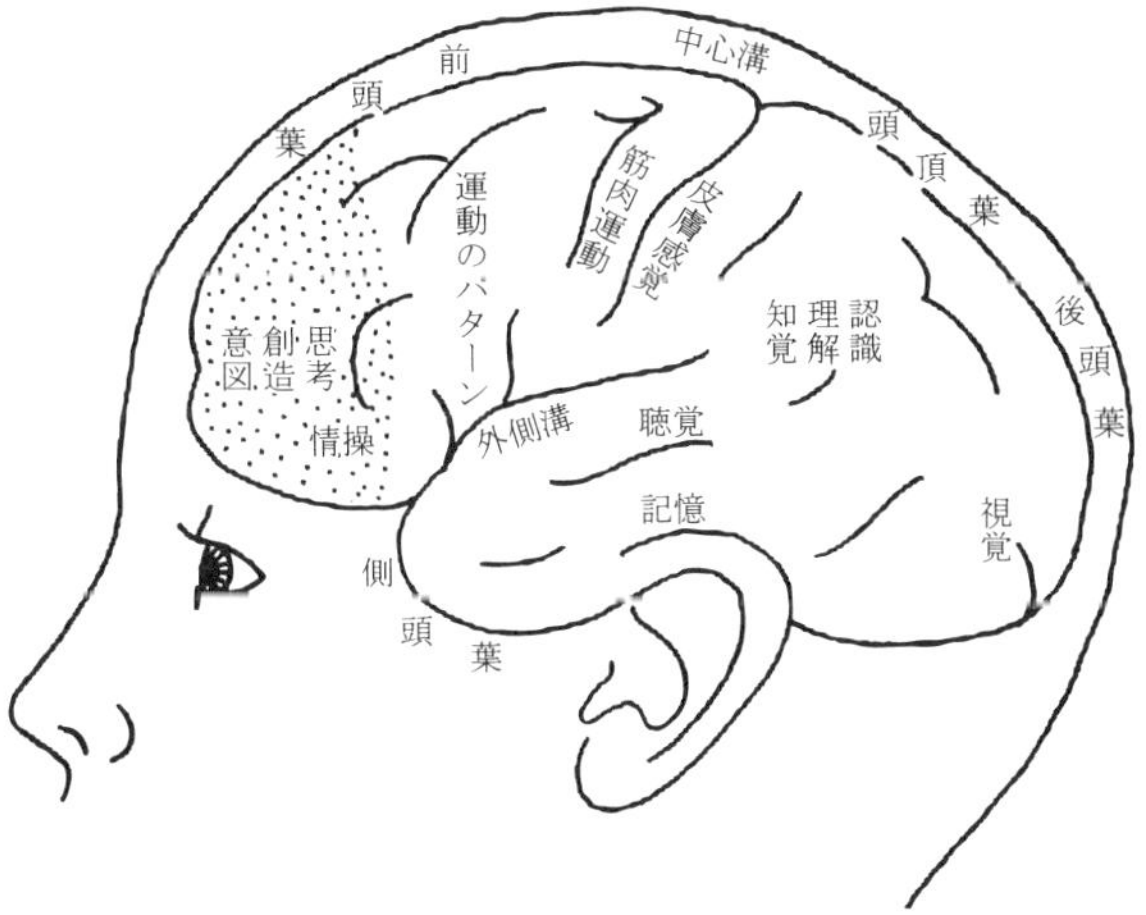

『ことばの誕生　うぶ声から五歳まで
（3．ことばと大脳）』より「新しい皮質」の分業

異なり、人間は「言語を生み出す機構」を持つからだと指摘しています。この機構は、誕生とともに人間の言葉（言語音……言葉に使う音声のこと）を聞くことによって作動しはじめます。言語は無意識のうちに吸収され、極めて幼児期に母国語の総体がつくり上げられるとモンテッソーリは指摘しています。

つまり、言語は「言語を生み出す機構」によって、子ども自身により、それも無意識のうちにつくり出されるものであるというのです。これをモンテッソーリは言語発達の道筋と考え、子どもの言語発達に注目したのです。

モンテッソーリは「言語を生み出す機構」として、次のものを挙げて説明しています。

(1) 脳

言語と関係ある中枢が一九世紀に発見されました。

一つは、聴覚受容中枢といい、言語を引っ張り出す能力を持ちます。もう一つは生産中枢で、言語音を再生するのに必要な運動を生み出す能力を備えています。この二つの中枢は、言語を発達させるためのみにつくられた機構の一部です。

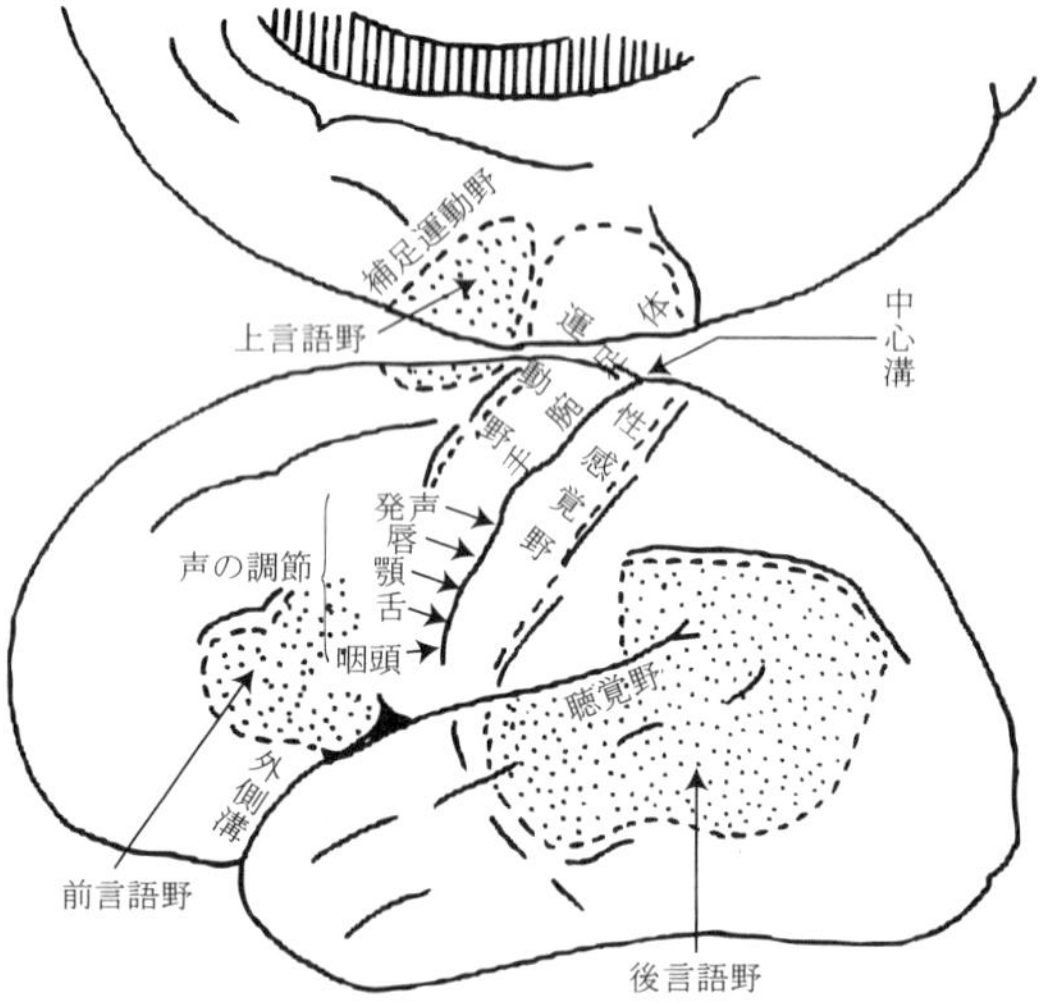

『ことばの誕生　うぶ声から五歳まで（3．ことばと大脳）』より　左の大脳半球にある言語野

(2)　神経系統関連組織

感覚器官、神経、神経中枢、運動器官を挙げています。複合体の一部として、また各々の役目を担うものとして、関連づけて示しているようです。聴覚中枢については、言語が無意識の深淵で発達するときの中心であり、精神の玉座と関係すると述べて、精神の内部で営まれる働きに注目しています。また、聴覚神経は、運動中枢より早く発達すると述べています。それは子どもの聴覚がとらえた音声が、子ども自身の言語を生み出すための、微妙な運動を刺激するからだと指摘しています。

(3)　外部に露出した器官

聴くための器官として耳を、話すための器官として口、のど、そして鼻を挙げています（これらは今日、私達が発声器官、あるいは、肺を含む呼吸器官としているものを指していると考えられます）。

耳については、言語をつくるために準備されている器官の中で、もっとも繊細かつ複雑であるとし、母体という神秘的な環境の中で形成され、仮に胎児が七か月で早産されても、耳は完全であると、早くから発達することを指摘しています。その精

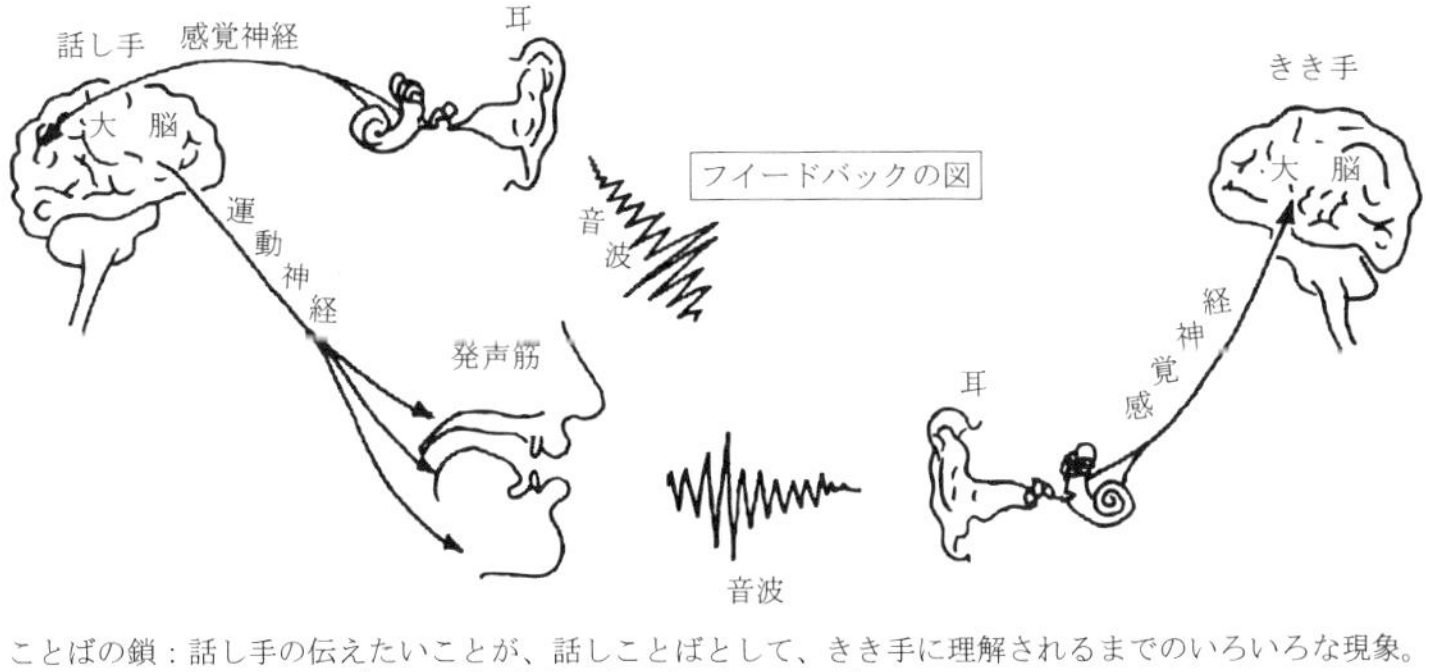

ことばの鎖：話し手の伝えたいことが、話しことばとして、きき手に理解されるまでのいろいろな現象。
(ピーターB.デニシュ/エリオットNピンソン　1966)

『話しことばの科学』より　ことばの鎖

巧さ、繊細さをハープにもたとえていますが、特に、弦は宇宙のすべての音をとらえるのではなく、言語のみをその微妙な複雑さのままそっくりとらえるといって、モンテッソーリは注目しています。これは聴覚の神秘さとともに、言語音の神秘さについての指摘でもあります。この指摘は、乳幼児期に子どもの周囲にいる親をはじめとする大人達に、人間の言語音の神秘さと影響力の大きさを訴える指摘として、注目してほしいところです。

話すための器官については、聴覚器官は人間の音声のみに反応し、作用し、それによって調音に必要な極めて細かい筋肉繊維の正確な整合が発達すると述べ、ここでも聴覚機構の発達が先行することを指摘しています。

⑷　感受性

感受性は、言語中枢を補佐して音声のみに集中するように働きかけます。そうでなければ、言語中枢は環境内の音を集め騒音までも再生するからであると述べ、言語音と他の音との決定的な相違に触れています。

モンテッソーリが、「言語を生み出す機構」として挙げたものは、以上のようなものです。これらは人間が言語を獲得するのに必要な器官であることはいうまでもありません。モンテッソーリが「音声の伝達に関しては、耳に達した音を神経繊維に伝え、脳に届ける仕組みは神秘に属している」と述べている点にも、私達は注目したいものです。さらに、音の再生についても、子どもが言語を発するためには、それ以前にすでに周りの人々によってつくられた音声を聞く必要があります。音声再生のための運動は、精神に焼き付けられ言語音に左右されると述べ、ここでも精神内部の営みと言語音の特殊さに触れています。

子どもの内にある言語機構の助けによって、言語は無意識のうちに定着します。まず下意識で単音が定着し、音節、単語、文法と続きます。子どもの内側にあたかも教師がいて指揮しているかのように、母国語の本質部分が正しい時期に、段階的に、論理的に定着します。この論理的な道筋は、知性の存在を示すものです。知性は、自然現象の中においてより、精神の働きの中で一層はっきりと見えるとモンテッソーリはいいます。

モンテッソーリが言及した脳の中の二つの言語中枢は、今日では、ブローカ領とウエルニッケ領と呼ばれることも周知のこととなっており、脳の働きなども、より専門的に解明され、言語音の伝達の仕組みなども、一九六六年には「言葉の鎖」と図解して示されていますし、モンテッソーリの言及しなかった点も明らかになってきていますが、モンテッソーリの考えの特徴を損なうものではありません。むしろ、それは今日も極めて示唆に富んだ重要な指摘であることを、私達は心に刻んでおきたいものです。

吸収する

モンテッソーリは、「子どもは音声を再生できるようになる以前に、周りの人によってつくられた音声の言語を、聞く必要が起こってくる」と述べていますが、この指摘は、モンテッソーリだけではありません。冒頭に述べたように、言語学者をはじめ多くの学者が指摘していることです。しかし、モンテッソーリの特徴は「音声の再生のための運動は、精神に受け止められた印象の基層の上に基礎が置かれ」、「聴いたことが精神に焼き付けられて、その言語音に左右される」と、精神の働きを重視しているところにあります。彼女は、知性は自然現象の中よりも精神現象の中で、より

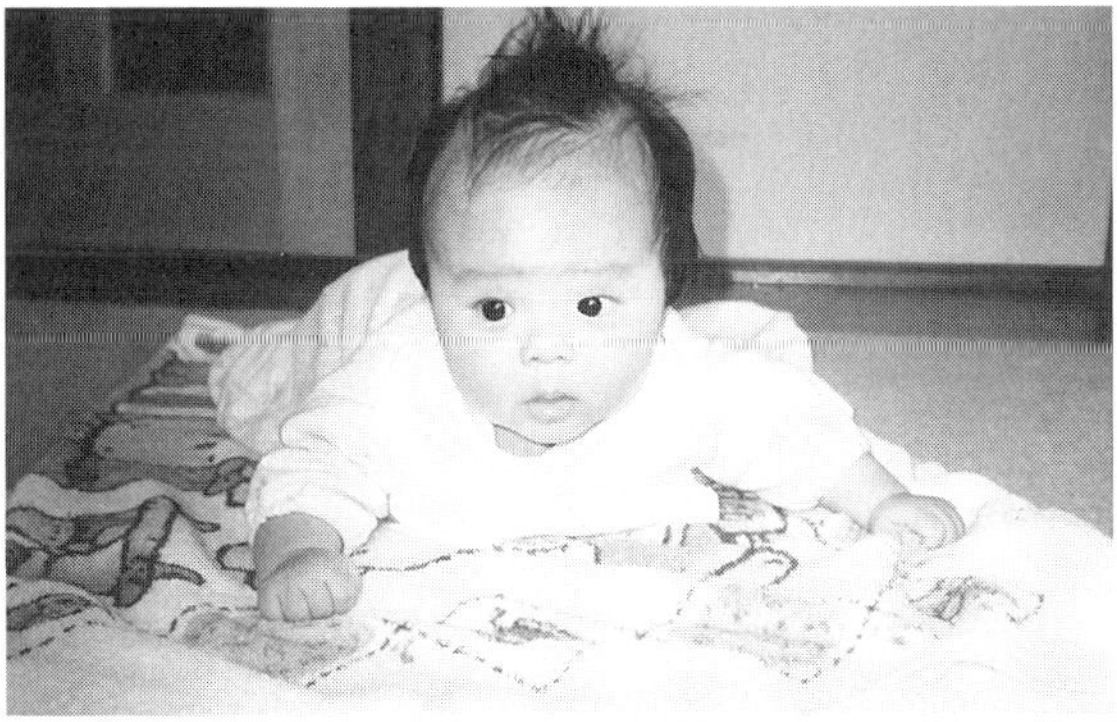

集中して吸収する

はっきりと見える場合があるといいます。

新生児は、言語中枢に感受性が集中していて、聴覚は人間の話し言葉（言語音）にだけ反応して作用します。モンテッソーリは、「狼に育てられた少女」に言及していますが、「アヴェロンの野生児」の例からも分かるように、人間の言語と隔絶した環境に置かれると人は話すことを学び取れないのです。つまり、言語を吸収したくても、吸収する材料が環境にないので話す力が育たないのです。

母国語を習得するのに疲れる子はいない、子どもは無意識のうちに言葉を「吸収」して母国語の総体をつくり上げると、モンテッソーリは言います。

言語の吸収は、意識的な作業として行われるものではなく、無意識のはるか奥深くでなされていきます。子どもは、この作業を無意識の暗がりの中で開始し、その暗がりで言語が発達すると指摘したモンテッソーリは、この状態を、「写真の像は暗闇の中でフイルムに写され、すべて暗闇の中で現像過程が進行し、暗闇の中で定着され、やっと明るみに出されたときには、もう修正ができない」と写真の現像にたとえています。

※ 言葉の爆発的増加

神秘的な内的発達は著しいのに、それに対応する外部に現れる発達との間には大きな差があります。つまり、生命内部の活動と、外的表示の可能性には不均衡があります。その結果、線的な規則的発達ではなくて、飛躍的発達があることが分かります。神経組織、運動中枢の発達、それに伴う筋肉の発達など、内的発達に呼応するだけの外的発達が進んでくると、突如として爆発的に発達し、急速に進歩します。このことは、モンテッソーリの言語発達を示す「図」（注…モンテッソーリ—言語の発達—概略図）に、よく表れています。

個人差があるのはもちろんですが、赤ん坊は一〇か月ごろになると、言葉には意味があることを意識しはじめ、一歳ごろには意図的な言葉を発するようになります。

一歳三か月ごろには言語で表現される意味が分かるようになり、やがて拡散的にひろがりを持った名詞が使われはじめます。子どもは、ものにはすべて固有の名前があるという事実を次第に認識しはじめますが、ものの名前だけで、すべてを表現できるわけではありません。そこで自分の考えを表すために、一つの単語にいろいろの意内容を持たせて使います。これが拡散語、あるいは「一語文」と呼ばれるものです。

一歳半をすぎたころから、単語の急激な増加「爆発的発達現象」が現れてきます（単語の爆発）。二歳半ごろには、それまで文法によらずに組み立てられていた文が驚異的な速度で、あらゆる種々の構文を備えた文章という形になって爆発してきます（文章の爆発）。

この二つの爆発現象を経て、やがて六歳ごろまでに、母国語の基礎となるものの大半が形成されていきます。この発達の過程にも秩序感がありますす。これは一時的な傾向ではなくて、精神的建設活動を通過するときに、子どもに是非とも必要なものは何かを示すものとして考える必要がありまます。子どもは自分なりの論理に従って秩序をもたらそうとしている事実がありますから、大人が、幼い子どもの言葉を理解してやろうとすることは大切なことなのです。

言葉あつめ：言葉の中の一音に気づいて、仲間を集める

準備

言語発達には、言語面の発達だけではなく、身体的にも知的にも調和のとれた全体的な発達が必要です。言い換えれば、言語の獲得のためには、子どもを取り巻く環境にも、また子ども自身の側にも、言語を獲得するための態勢が整っていなければなりません。それを準備という面からとらえて次に述べてみましょう。

身体的準備

身体の意識的な運動と調整は、主として日常生活で準備されてきました。音声は、呼吸に使う息を言語音へと変化させせなければなりません。運動とともに肺呼吸が発達し、調整され、吐くときの息を言語音に変えていくことを覚えます。言語そのものは吸収されますが、聴覚や発話器官の発達、言語音の再生のためには、長期にわたる模倣と訓練が続けられなければなりません（聴覚からの刺激としてとらえた言語音に似るように、幼児は発声しようと無意識のうちに試みている）。

言語発達は、また、身体各部の運動と調整、各機能の協応動作など、身体を用いる経験や活動によって支えられ育成されます。そして、それらはことごとく言語そのものの発達を支えるものとなっていきます。思考や動作なども言語によって表現されないものはなく、身の回りの事象、事物すべて言語化され、言語とともに存在しま

メタルインセット：枠を使って図形を描く（三角形）

す。「日常生活の言語化」とでも言えばよいのでしょうか。日常生活の中で身体的準備が行われ、日常生活の言語化が促進されます。そして、日常生活を通して、社会生活の基礎への目醒めも促されます。

知的準備

身体の運動と調整は、人間の感覚器官を目醒めさせることはすでに感覚の領域で述べてきました。感覚器官で得た認識も言葉によって表現され、伝達され、理解することができるのです。そのためには、経験した事柄、内容、それらの関係などを言葉で表す必要があります。そのためには、ある程度の認識、ある程度の抽象能力が育っていなければなりません。しかも言語が本来の役目を担うには、「言語は行為」であることを体得していかねばなりません(具体例を挙げましょう。わたしは○○をします。と言えば、○○を実行しなければならないのです。「ハイ」と言えば「ハイ」に含まれる内容を実行しなければならないのです。そういうことを理解しなければ、正確に言葉を使うことはできません)。

これらのことを理解するには、ある程度の知的準備が必要となるのです。これらは子ども自身が「経験する」という行為を通して次第に獲得するものです。

メタルインセット：枠やインセットを使って図形を描く

言語的環境の必要性

聞く機会を与えること

モンテッソーリは、「子どもを孤立させておかず、成人とも生活させ、明瞭な言葉遣いのよりよい言語を頻繁に聞く機会をもたせることが、母親と社会一般の任務」だと述べています。

先にも述べてきたように、人とのかかわりを通して「言語音」を聞くことによって、「言語をつくり出す機構」が始動しはじめるのです。そして子どもの生活の場に、豊かな言語が存在することによって「吸収」が可能となります。人間の口から出る音は単なる音ではなく、一つの目的を持っていることを子どもは理解しはじめます。

つまり生後一年目の終りには、子どもは、

・意識下の深淵で理解した

・自分の到達した意識レベルで言語を創造する

という、二つの発達を遂げ、生後わずか数年で、言語を永久獲得物として自分のものとするのです。このことは、子どもを取り巻く環境の中に、親をはじめとする年長者達がかかわりを持つ者として存在すること、すなわち人間同志の話す言葉が存在する「聞く環境」を必要としていることになります。さらに、子どもは、言語が自分を取り巻く環境にかかわりを持つことに気づき、その言語を意識的に自分のものにしたいという自己実現に向けて

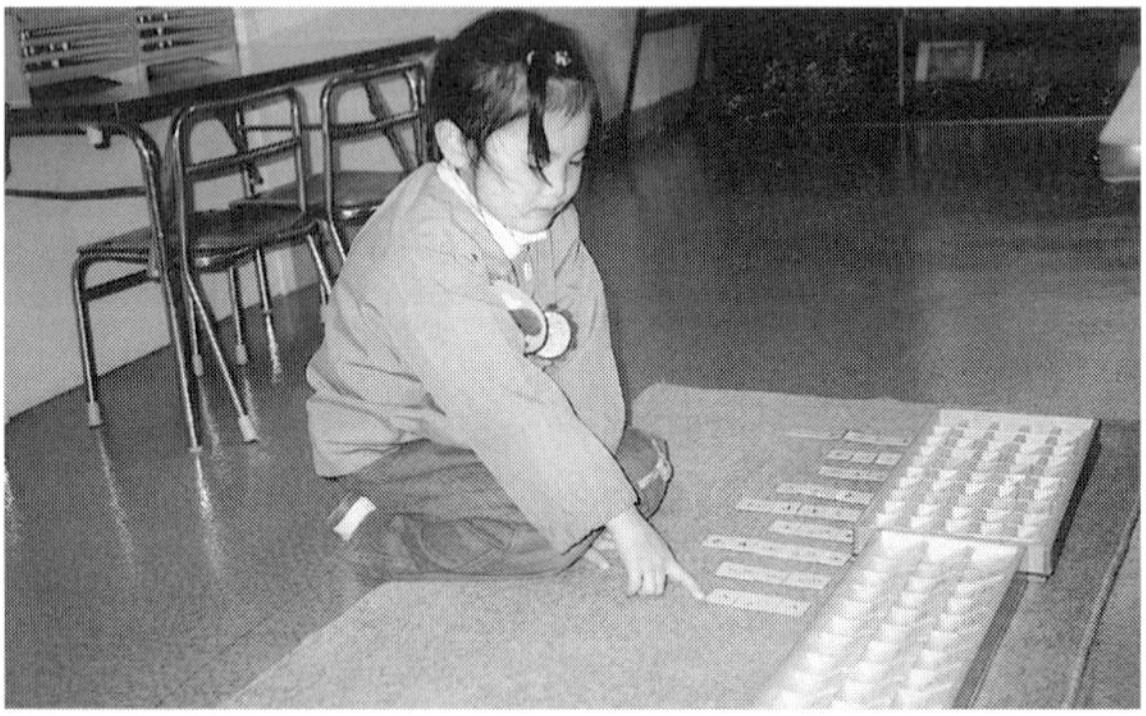

文字の箱Ⅰ：文字のコマを使って単語をつくる

歩み出すことを促します。

その子に対して、話し掛ける大人だけが必要なのではなく、「成人同志で話し合っている」大人に耳を傾けさせることが大切だとモンテッソーリは言います。子どもがこれほど正確に言語をマスターするのは、子どもの内なる教師が、「成人同志で話し合っている」大人に耳を傾けさせるからだというのです。ですから、大人達は、この時期の子どもの言語発達について、科学的知識を備えていなければなりませんとも言っています。

子どもを手助けする際に、私達は、子どもを創造し教育してくれる自然の協力者となりましょうとモンテッソーリは言います。

✿ 応答的対応があること

何よりも自己実現を目指し、自己を表現したいと願っている子どもに、「聞く機会」を与えなければなりません。言葉による自己表現の手段を見出そうとしている子どもは、大人同志の会話の中に、そのモデルとなるものを見つけようとするからです。

子どもが、生後一年目と二年目の間に出会う困難と、子どもに正確に学び取らせることの重要さについて、私達はもっと知っておく必要があります。自分の考えを述べたい、表したいと思っているのに、未だ言葉を十分に獲得できず、理解されずにいる子どもは、しばしば、いらいらしていま

文字の箱Ⅰ、Ⅱ、Ⅲの併用：文章をつくる

す。それは、どんなにもどかしいことでしょう。大人は、子どもに話し掛けるのは大切であるということを理解していますが、それとともに、明確な洗練された言葉を頻繁に聞く機会を子どもに与えることがとても重要なことも知らねばなりません。

応答的対応は、子どもが話し掛けたときに、大人がその話し掛けに答えて対応し、大人の話し掛けに、子どもが答えて顔を向けたり、喜んだりして聞こうとする姿勢を育てることも大切なのです。

5 言語発達を助けるとは

援助の基本となる大人の在り方 ―子どもから学ぶこと（観察し、発見すること）―

言語は、高度に抽象化された記号です。言語を話すというのは、それらの記号を、定められた方法に従って用いながら自分の思考を表現することです。生後一～二年の間に子どもはどのような困難に出会うのか、それを知るためにも、大人は子どものありのままの状態を意識的に、観察しなければなりません。そして、観察したものが何を意味するかが分かるためには、私達が科学的な知識を持つ必要があります。客観的に観察したものがどのような意味を持つのか、子どもから発見し学ぶ必要があります。どこの国の子であろうと、すべての子どもらの発達には普遍的な順序があります。言語の違い、難易などによって発達の差など生じません。

発達に伴い子どもの意識は徐々に目醒めていくとはいえ、生後約二年間のうちに、「吸収」、「二度の爆発」を経験する子どもの困難について、私達は観察と発見を通して具体的に理解する必要があるのです。

✿　大人自らが変わること（意識の変革をすること）

子どもにしばしば障害を与えるのは大人である、とモンテッソーリは指摘しています。子どもが言語をマスターするのは、内なる教師がそう仕向けているのだと先に述べました。

この時期の印象は、永久に跡をとどめてしまうことも知られています。子どもに生涯つきまとう異常についての責任は私達大人にあります。

子どもを扱う際には、できるだけ穏やかに、どんな形であっても激しさは避けなければなりません。私達は、自分の厳しさや激しさに気づいてない場合がよくあるからです。「教育の準備とは、自分自身を研究することです」というモンテッソーリの指摘は、心に刻んでおきたいものです。

✿　援助の方法

(1)　経験（具体から）からはじめる

三重苦の聖女と呼ばれたヘレンケラーの有名なエピソードを例として挙げましょう。彼女は、一歳数か月で熱病に罹り、見えない、聞こえない、話せない、暗黒の世界へつき落とされました。七歳の誕生日近く、アン・サリバン先生が家庭教師としてやってきます。ある夏の日、サリバン先生はヘレンを泉のそばに連れて行きました。「誰かが水を汲んでいました。先生は私の手を水の中に入れました。冷たい水が一方の手にほとばしったとき、先生は水という単語を、もう一方の手につづりました……」、「言語の神秘が私に啓示されたのです。私はW・a・t・e・rが、手にはとばしる、この素晴らしい冷たいものを意味することを、このとき悟ったのです。……」

後年、ヘレンはこのときを回想して、「この日を境に、前後二つの生活が、いかにかけ離れたものであるかを思うにつけて、私は驚きでいっぱいになります。……」と言っています。

「ものにはすべて名前がある」ことを悟った瞬間だったのです。

このエピソードは、非常に重要なことを私達に示しています。何かを知るためには、経験という具体的行為がいかに大切かということです。

心身ともに未発達で未経験な子どもには、まず自分の身体を使って、動きを通して知ること―経験―が、基本となります。身体を使うとは、自分の感覚器官も同時に使いますから、さまざまなことを知覚します。それらは言語で表さなければ、人に伝えることも、理解してもらうこともできません。つまり経験する、感じるという具体的行為は、言語という抽象的な記号に置き換えることによって表現でき、伝達や理解が可能になるのです。

「具体から抽象へ」、これがものを知るときの筋道なのです。

経験や感じたものを整理するために、言語は非常に重要です。言語によって整理し記憶することができるからです。

模型と文字カード：模型を使って動物の名前を知る

幼い子どもの言語の発達を、援助する一つの方法として、

・①経験する↓②経験を言葉で表す
❶花を見る、触る、匂う↓❷花の名前◯◯と言葉で表す
・①経験する↓②経験したものを絵に表す↓③言葉で表す
ということが考えられます。

たとえば、りんごを食べることによって、りんごの形が分かり、味わい、感触などを経験します。これはりんごという具体物を知り、食べるという経験をしたことによって、これは食べられるものだ、しかも、おいしいものだ、いい香りだ、冷たくて、やや固い、丸いものだ……などが分かります。そして、これらの総体が「りんご」という名によって表されることを知ります。こういう経験をしていると「りんご」の絵を見ても、「りんご」を食べて経験したときの総体を思い浮かべることができるのです。これがものを知るときの基本的な在り方です。

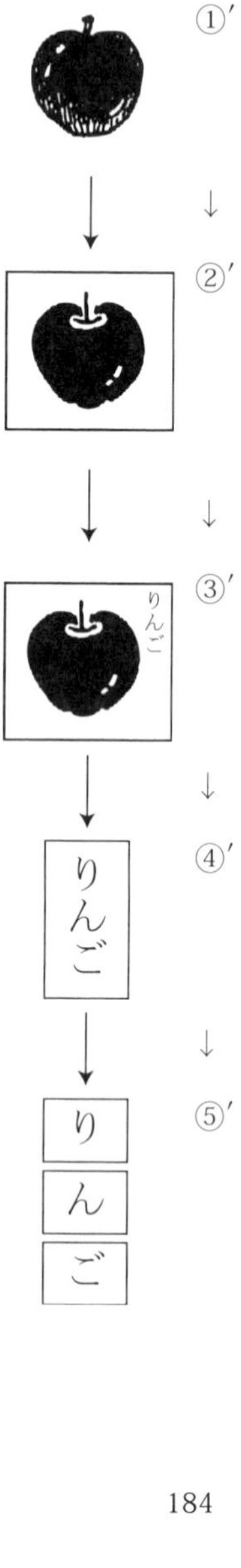

音声記号

①′ りんごという実物

↓

②′ りんごの絵　抽象化されて絵になる

↓

③′ 絵と文字記号の一致

↓

④′ 文字記号（単語）（完全な抽象化）

↓

⑤′ 文字記号（一字ずつの文字の組合せ）

(2)　同じ絵を合わせて名称を覚える（同一性合わせ）

私達の日常生活には、さまざまなものがあります。子どもが幼稚園や保育園に行くときには、その用意もします。着たり、持っていくものもあります。それらを絵にすることを考えてみてください。

かばん、ぼうし、くつ、おべんとう、すいとう、うわぐつ、いれなど、それぞれにつき同じ絵カードを二枚描き、一枚は絵だけ、もう一枚には右端にその名前を書いておきます。ものの名前を覚えていくときに、同じ絵を見つけて合わせるようにします。これは同一であることの認知に役立ちます。

音声による言葉でものの名前を言いますが、繰り返しているうちに、もう一枚の絵のそばに書いてある文字も、意識しなくても視野に入ってきます。この経験は、後日、文字を知っていくときの助けになっていきます。

文字は幼い子どもに早くから教える必要はありません。しかし子どもの発達が進んでくると、身の回りにある文字に気がついて、興味を持つようになります。身近にあるものも、名前が正確に発音できることが重要な基礎となっていきます。

絵カードにするものは、七種類ぐらいがよいでしょう。なるべく同じ仲間のものにします。これは、同じ仲間で集める、分類することに通じます。まったく関係のないものを寄せ集めても、そこには何の秩序も感じられないのです。幼い子は秩序に敏感であることを覚えていてください。しかし、これは大人が配慮することであって、子どもに押し付けて、させることではありません。

(3) 難しいものは、要素を一つにしておく

二枚の絵が同じであるかどうかが、未だ認知できない発達段階にいる子に、異なる部分のある絵を同時に見せて、異なる部分の名前を知らせるのは難しいことです。

同じであることが認知でき、それらはどれも同じ名前で○○○と呼ばれていることを知るのが、ものを知るときの一つの段階として考えられます。したがって、○○○と呼ばれるものの一部が△△と呼ばれることを知るのは、次の段階と考えてよいのです。

このように、具体的な経験を通して徐々に言語という抽象記号への道筋を示すやり方が、援助の方法として考えられます。日常生活や感覚の領域で示してきたように、具体的な援助の方法と、基本的な考え方は同じです。

絵合わせカード：絵から文字へと続く抽象化への道筋

つまり、やさしいものから次第に難しいものへ、全体把握から、その部分へ。部分が分かれば、集めて元の全体へという具合に、分けたり、集めたりすることも考えましょう。同時に幾つものことを考えるのではなく、難しい事柄は一つにしておきます。

言語は精神の内部の働きと密接に関係していますから、子どもの言語発達の状態を観察しながら援助していくことが大切なのです。

モンテッソーリ教育法に述べられている、書く、読むという概念は、私達が日常的に使っている概念と多少異なっています。

モンテッソーリは、筋肉感覚は幼児期に最も容易に発達させられるから、幼児にとって書くことは、正しく話すことよりも容易であると述べています。この際の正しく話すとは、自分の意志や思想や感情を適確に言語化して表現し、相手が理解できるように伝達することと、解釈することがふさわしいのではないかと考えられます。また、文字を一字ずつ拾って、文字記号と音声とを一致させる段階（いわゆる拾い読み）は、機械的読みと名付けています。普段、私達は、この段階も含めて「読む」といったりしていますが、「読むとは、文字によって書かれた思想を理解することである」とモンテッソーリは述べています。

10章　文化の領域

子どもの知的興味を培うために

1　モンテッソーリ教育法における文化の領域の位置づけ

「文化」という作業は、「領域」という一つのまとまりととらえるより、感覚や言語の領域の延長線上に位置するという考え方があります。これは文化の領域が取り上げるさまざまな事柄を、子ども達が感覚器官や言葉の助けを借りて活動していくからに他なりません。実際、「文化」というくくりで提供される多くの教具を見ますと、色や形、大きさや長さといった視覚、さらには触覚に訴えるものなど、感覚の教具としての要素を色濃く持ち合わせています。また作業内容は、系統だった言葉の提供によって、全体像から細部へと進んでおり、言語発達との関連もはっきりと認識することができます。「文化」の作業は、子どもの感覚と言語を通して伝えていくべきものであることが、よく分かります。

この章では、モンテッソーリが子どもの発達と文化とのかかわりについて、どのような視点にたっていたかに注目してみたいと思います。「文化」の作業の入り口は、他の領域同様、自分の体や感覚を使った具体的体験が主です。ところが、そこには動きや感覚がもたらすものだけにとどまらず、言葉や論理的な思考をも使い、子どもが地球全体と宇宙規模の視点に立って世界を知っていこうとするのを助ける、明確な目的と道筋が用意されています。ここでは、それらの道筋を「文化の領域」という形で取り上げます。

世界地図作成：大陸と海洋を覚え地図を作成する

2　文化の領域の意義

「文化」とは何か

人間は太古の昔より自然の中にあるものに意図的に手を加え、それらを自分達にとってより使いやすく、より価値のあるものへと変化させてきました。「文化」とは、人間が環境に働きかけることで学習し習得した、物心両面にわたる生活の様式・内容・教養などの総称です。

ですから、文化の領域の作業は子どもの生活に密着し、かつ、子どもの属する世界の広大さを感じ取るために、さまざまな事象を取り上げる多彩な活動でなければなりません。

子どもの発達から見た文化の領域の意義

「子どもは文化を吸収する」―幼児期における文化の領域の作業の意義は、モンテッソーリのこの考え方に集約されるといっても過言ではありません。モンテッソーリは、文化を学習し習得するための能力は三歳ごろから発達しはじめるということを指摘しています。「吸収」という、乳幼児期特有の学習形態をとり、困難なく文化を吸収するこの時期は、民族やその社会に特有な文化の基本をしっかりと身につけるのに適した時期といえます。

人間の生活は文化そのものです。文化は大人から子どもへと次世代に受け容れられ、人間の生活や教養を向上させてきました。そして、それらを受け継いでいく過程でさらに新しい文化が創造されるという循環を構築しつつ、社会は進歩するのです。

子どもの環境は、子どもを取り巻く世界、その全部を内包している必要があります。いにしえより創造され受け継がれてきた文化財を子どもは教材として学習し、環境に適応するように自己を教育していかなくてはならないのです。

3　幼児期における文化の領域・作業を考察するための二つの視点

この章では、作業を二つの視点から考察したいと思います。一つは、幼児期の全領域の活動の総合的まとめの位置づけとして、もう一つは第二成長期（小学校課程）への橋渡し、序章としての切り口です。まとめと序章、この一見対照的な二つの視点から、幼児期の文化の領域を考えてみましょう。

幼児期の活動における、集大成としての文化の作業

モンテッソーリ教育法では文化の領域を、幼児期における、日常生活・感覚・数・言語のすべての領域のさまざまな経験を統合し、多面的に整理する役目を担うものとして位置づけています。四つの領域でさまざまに体験した個々の要素を組み合わせ、その集大成として、文化の領域でさまざまな取り組みを行うことができます。その場合子どもは各領域で次に挙げるようなかかわりを持ちながら文化の作業に出会っていくと考えられます。

日常生活の領域とのかかわり

文化は生活そのものです。子どもは、動きを通して心身ともに生活に適応することを学びます。生活の中の多様な身体の運動とその調整力を育み、環境に働きかけながら、自己を形成していきます。その過程において、日

常生活の領域の作業が果たす役割は極めて重要です。生活の手段と文化は互いに深く影響しながら成り立っていますから、子どもが自らの動きを通して生活を体験するのは、文化を体験する第一歩ということになります。

それは単に子どもが生活に適応するためのさまざまな手段を獲得するだけにとどまりません。子どもが人間として、自分の思い通りに自由に動けるようになるためには、自らの精神が肉体の主として上位づけられることが大切です。日常生活の活動における心身のバランスの取れた発達こそが、子どもの人格形成の基盤となります。

感覚の領域とのかかわり

幼児期の文化の領域の教具が、感覚的特徴を色濃く備えていることは前述しました。文化の領域において子どもに提供されるものは、「世界への鍵」です。生活力を身につけた子どもは、同時に自らの感覚の助けを借りながら、色や形、サイズなどの情報を手がかりに、持てるかぎりの抽象力を駆使して未知なる現実世界を知ろうとしはじめます。

日常生活の領域で子どもが動きを通して得た具体的経験は、感覚の領域で自分の五感を洗練・錬磨させることによって、一層高い次元の精神的活動力の発達を促します。それが、「知性の芽生え」といわれるものです。子どもの自分を取り囲む外界に対しての認識作用の基礎は、感覚的認識です。知覚された多くの情報は、集められたり分類されたりして整理されながら、抽象化され認識へと至ります。この一連の精神活動、すなわち知性の発達は、子どもを家庭的な閉鎖空間から未知の外界、世界とその秩序に出会うための準備となるのです。

✿ 数の領域とのかかわり

数の領域の目的を「論理的思考力の基礎を養う」と認識することで、数と文化の二つの領域の繋がりが見えてくるのではないでしょうか。数世界は明確な秩序と法則を持っています。幼児期の場合、子どもが数世界のルールを通して作業するとき、それは数学的学習を目的とはしていません。絶対的で単純な数操作は、子どもに「論理的に考える」機会を与え、「秩序だった世界の美しさと明快さに触れる」機会を与えます。文化の領域で子どもが出会うさまざまな現象は、論理的な思考で紐解いていかなければならないことがたくさんあります。教師主導で与えられるものをこなしているばかりでは、子どもの心に文化的なものへの興味を育てることはできません。与えられたものを「鍵」として、世界の扉を自分の手で開くためには、「自ら考え、求める力」が不可欠になるのです。数の領域の作業の法則に基づいた繰り返しの学習と、答えを導き出していこうとする論理的な思考の訓練は、文化の領域での子ども自身の興味と追及心に大きな影響を及ぼすのではないでしょうか。

また子どもの数学的能力そのものは、第二成長期（小学校）において、想像力の発達に重要な役割を果たすことになります。

✿ 言語の領域とのかかわり

抽象化の過程において、言葉や文字が重要な役目を持っています。子どもの具体的かつ感覚的な体験は、言葉によって整理されるからです。動きや感覚を通して身体に入った情報は、ものの名前を表す「名詞」、動きを表す「動詞」、様子を表す「形容詞」など、さまざまな働きを持つ言葉によって子どもの体験を整理し、分類したり表現したりする手助けとなるのです。それらの言葉は、教師の音声と実物、実物と絵、絵と文字表記の一致の過程を経て、さらに次元の高い抽象化へと子どもの精神を導いていきます。

文化の作業において、体験を言葉と文字で整理・分類することは、子どもにとって不可欠な要素として認識されなければなりません。特に文字言語の果たす役割は大きなものがあります。どんなに豊かな実体験でも「やりっぱなし」では、子どもの心の中にその意味を積み重ねていくことはできません。発語した瞬間に消滅する音声言語に頼るだけでは、人間の知性は十分に発達しないのです。子どもは、体験を言葉によって整理し何を学んだか記録して反復することで、次への活動への試行の糧にします。文化を受け容れて新たな創造を行うためには、文字を用いて、活動をより深く確実なものにする必要があります。文化の伝承は文字の力によるところが大きく、歴史は文字の登場によってその足跡を文化の中に残すことができました。人間が文化を築き受け継いできたのと同じこの過程を辿ってこそ、文化の活動は意味のあるものとなります。

第二成長期（小学校課程）への橋渡しとしての活動を提供する文化の作業

文化の領域で子ども達にもたらされる世界観は、その後の第二成長期（小学校）における世界認識の大切な基礎となるものです。したがって幼児期の文化の領域を考えるとき、次なる小学校での発達段階にどういうふうにつながっていくのかを見据え、導いていく必要性があります。

第二成長期にある小学生には、幼児期の敏感期に相当する発達のポイントがあります。その代表的なものが、抽象化の能力・想像力の発達と文化への興味です。幼児期の発達が主に身体面での発達に重点があるとすれば、第二成長期は、精神的発達がそれに変わるようになります。身体的発達の安定を得て、子どもの精神活動はどんどん盛んになっていきます。それによって、自分の体験からしか学べなかった幼児期をすぎ、子どもは自らが体験できないことでも、抽象化の能力と想像力を使って、次第に認識することが可能になっていくのです。

抽象力をより高いレベルに上げるために、重要な役割を果たすのが想像力です。しかし、この場合の「想像力」とは「空想」とは異なることに注意しなければなりません。モンテッソーリは、「創造的想像力（creative imagination）」という言葉を使って、第二成長期の子どもの持つ想像力について述べています。

子どもの想像力は科学的根拠や正確さを持たないので、想像力を正しく使うためには援助が必要となります。その援助の一つは、「全体像をとらえ、そこから細部への分類をはじめる」という、作業の導きです。世界の事物を、個々のものをつなぎ合わせて全体像を知ろうとする方法ではなく、全体から細部へと分類を進める方法によって知っていこうとする学習方法です。全体が基礎になったときはじめて、個々の事物の正しい位置づけが可能となるからです。

もう一つの援助は、「数学的手助け」といわれます。世界のさまざまな情報を数学的データを使って提供することで、子どもの想像力が暴走して非現実的な広がりを持つのを抑制し、現実に近い正確なビジョンを与えることができるのです。子どもの想像力は、場所・時・空間といったあらゆる制限を超えて、子どもに本当の世界の姿を描き出す力をもたらします。自分と世界との間に、守るべき秩序があることを知り、その整然とした法則に基づいて世界に触れることができたとき、子どもは深い満足感を覚えるのです。

幼児期の文化の領域は、第二成長期への大切な基礎となります。第二成長期に子どもが抱く文化への興味は、第二成長期になって突然現れるものではありません。幼児期に意識下に刷り込まれた記憶、教具のメッセージ、教師の提供してくれた話の数々が色鮮やかに認識されだすのです。それはあたかも、地にまかれた種がいっせいに発芽するのに似ています。したがって、幼児期の文化の領域の作業は、繰り返し子どもの心に種をまく作業でなければなりません。世界のさまざまな不思議を思い、人々の違いを受け入れ、過去と現在と未来とにわたって人間の証を創造し続けるために、欠かすことのできない大切な領域なのです。

4　地理の活動

※ 文化の領域における「地理」という活動の意義

ここでは多様な文化の作業の中から、「地理」の活動を取り上げてみましょう。

幼児期の文化の領域に登場する「地理、歴史、生物、科学」などの作業は、学校で学ぶような学科としての知識を得るための取り組みではありません。地理は、地図記号を覚えたり、国の名前や場所を覚えたりするイメージでとらえられますが、それらが子どもの活動のすべて・最終目的だと考えてしまうと、的確な援助の在り方から逸脱する恐れがあります。

すべての文化活動は、「地球」という星の存在を抜きにして語ることはできません。地球上の存在物の一部である生命、その一部である動物、さらにその一部である人類の文化活動は、「地球」を全体とした秩序の中で正しい位置をもって認識されなければなりません。文化の領域における「地理」は、その意味で、子どもの属する世界の全体像を正確に描き出すための基本的な活動、といえます。

5　文化の領域・地理プログラム

地理のプログラムを次に挙げます。

※ 地理プログラム

(1)　土と水の地球儀
(2)　色付き地球儀
(3)　土と水の世界地図
(4)　はめこみ地図Ⅰ
①　はめこみ世界地図
②　はめこみ日本地図
(5)　はめこみ地図Ⅱ
①　各大陸のはめこみ地図
②　日本・各地方のはめこみ地図
(6)　名付き地図
①　名付き世界地図
②　名付き日本地図
(7)　地図たんすⅠ

色付き地球儀：大陸と海洋をなぞる

①　世界の山・河〈川〉
②　日本の山・川
(8)　地図たんすⅡ
①　各大陸の国名・首都・国旗
②　日本の県名・県庁所在地・県旗
(9)　地図たんすⅢ
①　各国の都市・山脈・河川他
②　日本の都市・山脈・河川他
(10)　写真ホルダー
①　世界の風習・習慣
②　日本の風習・習慣
(11)　分類された絵合わせカード：対称地形
①　名称と対称地形の仕組みを模型で知る
②　分類された絵合わせカード
(12)　分類された絵合わせカード：国旗
①　名称といわれを布製の国旗で知る
②　分類された絵合わせカード
(13)　私の創る世界

※ 全体像としての地球儀からはじめる「地理」

私達が地理について学ぶとき、「地図帳」を使って勉強した記憶をほとんどの方がお持ちでしょう。好き嫌いは別にして、「地理」の授業といえば「地図帳」の存在を思い出しませんか。けれども、モンテッソーリは「地理」には不可欠と思われがちな地図ではなく、まず二つの地球儀を用意しました。地球儀―これは私達の住む惑星・地球の模型です。この小さな地球儀が、子どもがこれから出会う自分を取り巻く広大な世界の全体像と、その秩序を与える大きな役割を担っているのです。

※ 教具の役割：世界を知る「鍵」

「地理」の作業で最初に登場する地球儀は、大陸部分を「土」、海洋部分を「水」と表す二色で構成されたものとなっています。もちろん実際の地球は土と水とで構成されているわけではありませんから、この教具の目的は正確な地球の構成要素を教えるものではありません。ではいったい何を伝えたいのでしょうか。この教具は、地球が持つ大陸（固体）、海洋（液体）、空（気体）の三態のうち、幼い子どもが最も知覚しやすい二態を「土」と「水」で表すことによって、地球という世界の全体像の本質的な印象を伝えようとしています。それは、子どもの感覚を通して知覚され言葉と結び付いて、秘められた子どもの想像力を刺激し、世界への扉を開く「鍵」の役割を果たしているのです。

文化の教具では、このような「鍵」としての役割を持つ教具が度々登場します。このことから分かるように、文化の作業は色や形、感触など感覚的手段に訴え、そこに言葉の助けを借りることによって、さまざまの事象の基本的本質のみを子どもの心に印象づけるように、工夫されているのです。

※ 大切にしたい、世界の全体像

残念なことですが、地球儀から地図への移行は、保育現場において時々見過ごされることがあります。「地球」という全体認識を持たずに地図からはじめてしまうのは、抽象化の進んだ大人にとっては、地球儀という具体的な三次元の手段より、抽象化された二次元の平面である地図のほうが扱いやすいからに他なりません。しかし、子どもには立体である地球儀から平面の地図へ移行する方が、困難が少ないことと、全体からの分類の出発点である地球からはじめなければならないことを、私達は正確に認識する必要があります。

あらゆる情報は、全体の秩序の中で正しい位置を持って認識されなければなりません。好き勝手に情報のつまみ食いをして勝手な位置づけをした世界観は、周囲と不協和音・不調和しかもたらさないことを、この二つの地球儀は伝えようとしています。私達地上の生物は、地球を全体とする秩序の中で正しい位置と役割を持っています。人間とその営みである文化も例外ではありません。

地球という全体像を出発点として、系統的に細かな情報に出会っていき、最終的にはそれらの情報をもう一度秩序だてて統合させることによって、より正確な全体像を描き出せるようになることこそ、文化の領域の作業展開には不可欠です。

地球儀と地図を見比べる

6　体験を整理し、概念化に至る一連の活動

❖ 文化における「三段階レッスン」の意義

モンテッソーリは、しばしばセガンの「三段階レッスン」を自らの教育法の中で利用しました。彼女は、名称レッスンとして知られるこの方法を秩序正しく、系統的に分類して用いて提供すると、子どもは驚くほど効果的に言葉を発達させることに注目しました。『モンテッソーリ教育の理論と実践』には、モンテッソーリが述べた、自らの子どもとの体験の言葉が紹介されています。

「地勢とか三角形や四角形、多角形とか、花弁、がく辺、雄ずいなどの植物学上の用語へと進めていくと、子どもはあらゆる物に取り組み、もっと多くを求めました。」

セガンの「三段階レッスン」とは次のように行われます。

一段階：命名―事物の名称を与える。　「これは○○です。」
二段階：確認―その名を用いて活動し、確認する。　「○○はどれ？」
三段階：記銘―対象物の名称を記憶する。　「これは何？」

地理の最も初期の土と水の地球儀・色付き地球儀の作業を例にとってみましょう。地球儀を用いて伝えたい土と水の概念は、触覚の助けを借りながら土と水の手触りの違いや、大陸や海洋の形をなぞるといった具体的経験と並行して、「三段階レッスン」で言葉として伝えられます。

作業名	伝えたいポイント	三段階レッスンを用いて伝えられる用語
土と水の地球儀	地球は土と水でできている。	(でこぼこしているところ) 土 (つるつるしているところ) 水
色付き地球儀	地球は大陸と海洋に分かれる。	(土がたくさんあるところ) 大陸 (水がたくさんあるところ) 海洋

このようにして、文化の領域では系統的に整理され分類されたさまざまな分野の用語を、三段階レッスンを使って提供しています。文化の領域が言語の領域の延長と位置づけされる理由はここにあります。

「分類された絵合わせカード」

さらに、いろいろな研究テーマに基づいて子どもが興味を示す現実の事物・事象を取り上げ、実物または模型を用いて、子どもに具体的体験を提供することは、子どもの想像力の発達を助けます。その体験を系統的に整理・抽象化し、文字の助けを借りて概念化させる活動が、「分類された絵合わせカード」で提供される一連の活動です。ここで大切なことは、

(1)　具体的体験を通して、物事の仕組みや働きを知る。
(2)　体験で学んだことを絵と文字の助けを借りて、系統的に整理する。

という二つの要素が、必ず⑴と⑵の組み合わせで、順次子どもに示されることです。

❁「分類された絵合わせカード」の一例

子どもの体験から抽象的なカードの活動へと移行する一連の流れの実例を、地理のプログラムの、「対称地形」という作業を通して、考察してみましょう。

⑴ 名称と対称地形の仕組みを模型で知る

先に述べた二つの地球儀の作業で、地球の構成要素を知る「鍵」として、「土」と「水」が紹介されています。その土と水で造られる「地形」について取り上げたものが、「分類された絵合わせカード：対称地形」です。バットに準備した「土」（紙粘土）に一本の線を引くと、その線によって二つの「対称」な形が一つの地面にできます。その一方を切り取って、両方に「水」を注ぐと二つの異なる地形が現れます。これが「対称地形」です。この活動を通して、子どもは「地形とはどういうものか」という仕組みを、実際に模型をつくりながら学びます（図表1参照）。

⑵ 分類された絵合わせカード

次にこの経験が、「分類された絵合わせカード・対称地形」という作業に整理され、概念化される段階を見てみましょう。具体的体験は子どもの動きや感覚器官の働きを通じて、脳に刺激として記銘されます。ただそれは記憶のはじまりにしかすぎないので、そのままやりっぱなしにしてしまうと、子どもはいずれ活動について、自分の中に何かを積み重ねることなく忘れてしまいます。

動きと感覚を通して受けた体験は、言葉と結び付いてはじめて認識され、概念化・抽象化されます。その精神の働きは「知性」と呼ばれ、その覚醒の過程を助けるのが「分類された絵合わせカード」の活動というわけです。

カードは、次のような構成になっています。

・子どもが体験した「地形」がどういうものかを絵と名称で表した「名付きの絵カード」

・子どもが体験した「地形」がどういうものかを文と名称で表した「仕組みのカード1」

この二種類のカードは、地形の概念を絵、または文字で表した違いはあっても、同じ内容を表しています（図表1参照）。

それから、これらの名称（主語）の部分を取って困難を増やした、

・絵のみの「絵カード」

・文のみの「仕組みのカード2」

そして、名称（主語）を記した文字カードがあります。

図表1：分類された絵合わせカード・対称地形　～概念が文字または絵でそれぞれ表される～

絵で表した場合（絵カード）	概念　※2	文字で表した場合（仕組みのカード）
	島：周囲が水で囲まれた陸地。	しま は、つちが みずに　まわりを かこまれています。
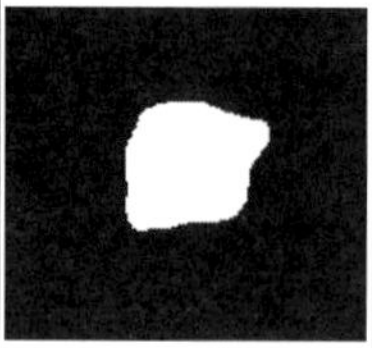	湖：周りを陸に囲まれ水をたたえた場所。池や沼より大きく、深いものをいう。	みずうみ は、みずが つちに　まわりを かこまれています。
	半島：海に長く突き出した陸地。	はんとう は、つちが みずのなかに つきでています。

	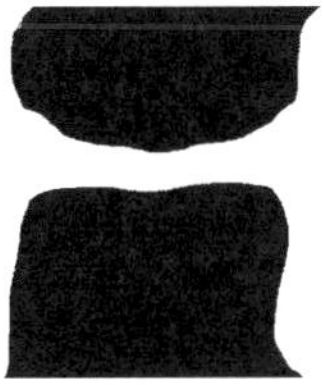	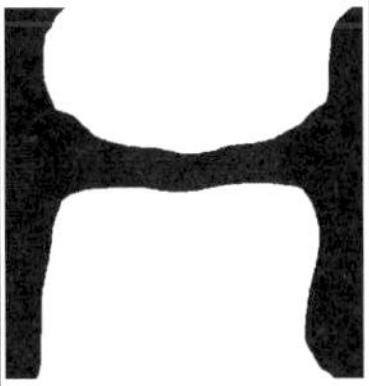
湾：陸地に入り込んだ海。入海。	海峡：陸地に挟まれた狭い海。	地峡：二つの陸地をつなぐ、細い陸地。
わん は、みずが つちのなかに はいりこんでいます。	かいきょう は、つちのなかを みずが　ほそく はしのように つながっています。	ちきょう は、みずのなかを つちが　ほそく はしのように つながっています。

これらカードを段階的に組み合わせ、体験を系統的に整理します。すなわち、
一段階：名付きの絵カード＝絵カード＋文字カード
概念は、主語付きの絵で示される。それを参考に、概念を絵のみで表したものと、名称表記が一致する。
二段階：絵カード＋文字カード＝名付きの絵カード
概念は絵のみで示される。子どもは、名称を自分で判断し一致させる。
確認は、名付きの絵カードで行う。
三段階：名付きの絵カード＝仕組みのカード1
主語付きの絵で示された概念を、まったく同じ内容が文字のみで示された仕組みのカードと一致させることによって、絵から文字への抽象化が大きく進む。
四段階：仕組みのカード2＋文字カード＝仕組みのカード1
主語のない文章を読んで、それが何の地形を表すか判断し、主語を選んで文章を完成させる。確認は、仕組みのカード1で行う。この段階では絵はもはや使用しない。

※文化の作業が導く、世界の広がり

この一連の活動と同様のパターンを作業に確立することによって、「言葉によって成し遂げた学習では、子ども達は生物学・地理学と天文学について精細な知識をたくさん学びます」（『モンテッソーリ教育の理論と実践』）と、モンテッソーリが言及したように、子ども達は世界のありとあらゆる側―地理・自然・動物界・植物界・宇宙・歴史・芸術などと、出会う機会を得るでしょう。

子どもは自分の感覚を通してこのようなさまざまな外界の刺激を受け、体験から抽象化に至る一連の精神活動を活発化させます。それによってもたらされた正確な像を描き出す力（概念の形成）は、子どもの知識の基礎となり、子どもの中に静かに積み重なっていくのです。この過程で子どもにもたらされる感動は、子どもの中に知識に対する積極的な意欲を生み出し、やる気を呼びさまします。

このようにして、子どもはさらなる興味と探究心を自分自身の中に育てながら、手にした鍵で新しい世界の扉を、次々と開いていくことができるのです。

11章

自由と規律

子どもの自由を確立するために

1 子どもの自由を確立するために

※ 成長の法則に従いながら、社会の一成員になっていく子ども

今回は、モンテッソーリ教育における自由のとらえ方や規律の立て方について取り上げたいと思います。この問題は前にも触れたことがあります。しかし、それだけで十分に述べるにはあまりに広く深い問題であるために、私の試行錯誤の過程を顧みながら、現在考えている「モンテッソーリ教育の自由について」述べてみたいと思います。

そのために、私がかつて発表した「モンテッソーリ教育の自由のとらえ方とそのための提示」（「モンテッソーリ教育」一七号）という論文を紹介しながら、進めていくことにしたいと思います。

当時、実践をどのようにとらえ、どのように示していくことがモンテッソーリ教育法を普及するために必要なのかと考えていた私は、論文の中で実践理論のすすめとして以下に述べるようなことを発表いたしました。

この実践を提示として示していくときにも、避けて通れないのがモンテッソーリの自由に対する考え方でした。

子どもは、大きな可能性のある生命力（精神的エネルギー）を持つ存在です。そして子どもは、成長の法則に従って発達する自由を有しています。

友達のためにお茶の準備をする

この自由は、誰も邪魔をしてはならないし、大人によってその自由は保障されなければなりません。モンテッソーリのいう自由とは、子どもは自分自身が生命の発達の法則に従うことを保証されるということになります。大人は子どもの発達を妨害してはならないのです。

さらに、子どもは現在の文化生活の中で生活し、社会的な存在者としての自由をも持っています。けれども、子どもは未発達未経験ですから、すでに既成のものとして存在する大人社会の中で、上手に適応する方法も習得しなければなりません。生命力があるべき方向に向かって発達を遂げられるように、環境を整え生きる手段を示していかなければなりません（具体的に、何をどうすれば生命力が損われずにすむのか、それを具体的に示すのがモンテッソーリ法のいわゆる「実践」、と呼ばれる部分です。何のために、なぜそうするのかをモンテッソーリ理論に添って示すのが、「実践理論」と呼ばれるものということができるでしょう）。

未発達の状態にある子どもは心身をコントロールすることをまだ知りませんから、生まれつき備えられている生命衝動を（自分の自由意思のままに）ふさわしく抑制していく能力も習得しなければならないのです。発達を野放しにするのではなく、本来あるべき方向に向かわせる方法（教育）を大人が示すことが大切なのです。このことがもっとよく分かるように、具体例を示しましょう。

この生命力を持つ存在としての子どもが、かりに大自然の中で生育する場合と、われわれの文明社会の中で生育する場合とを考えますと、子どもの行動の自由は大変異なることが考えられます。すなわち、前者の場合は、多くの制限はなくてある意味で自由です。ただし、子どもが行った行動が自然の法則に逆らうと自然罰の形で反応がかえってくる、そのものからくる制限が考えられます。

ところが、現代の文明社会の場合は、自由は大幅に制限されることが考えられます。まず、私達は社会生活を営み、数多くの文化財（文化的な生活を営むための道具や品物）を持っています。さらに、文化や伝統、習慣など、これらの条件から生まれるいろいろの制限は私達を取り囲み、好むと好まないにかかわらず私達の行動を抑制しています。たとえば、保育室の中では走らないとか、道路を歩くときは右側を歩くというふうに行動の制限となっているのです。

子どもの示す自主的、自発的な性質は、非常に重要な特質だといわなければなりません。私達の文化・社会生活の性質から、子どもへのある種の禁止をしなければならないことがあるのです。子どもの持つ自発的、自主的な特質は、同時に衝動的であることがあります。この場合、衝動的なことを抑えるために、自発的、自主的なものを仕方なく阻止するというふうに相いれないものとなる場合があります。

モンテッソーリ教育では、この点をどのように解決しようとしているのでしょうか。

子どもは、自主的、自発的なものであるから行動を自由にしておきますと、時によると、私達大人の社会生活が乱され、ものが壊されないともかぎりません。衝動的だとなおさらにその危険があります。

そこで私達大人は、子どもの行動を「……してはいけません」と禁止するようになります。しかし、禁止したり制限することが多くなると、子ども本来の自主的、自発的な行動は抑圧される結果になります。

ここで大きな矛盾にぶつかることになります。子どもの自発的、自主的な行動を認めるか認めないかは、禁止するかしないかにかかってきます。禁止すれば、子どもの本来の自発的、自主的な行動は消滅する恐れがあります。禁止しなければ、ものは壊され生活に混乱が生じる可能性があるのです。

そこで、子ども本来の自発的、自主的な行動を禁止しないで、子ども本来の自主的、自発的な点を育てる方法がないのかという問題が生じてきます。

モンテッソーリ教育法においては、まず子どもの自由を保障するのです。ただし、この自由の中味が問題になります。「生命の発達の法則に従うためには制限がある」とか、「制限のない自由は存在しない」ということが大切なのです。

ところで、子どもは生命力に満ちていますからそのままでは衝動的に動き回ります。そうして、その動きの中で私達の大切にしているさまざまなものや道具に出会います。子どもは、それらがどれほど大切なのか、その価値を知りません。子どもは許された自由によって、衝動的にそのものに立ち向かっていきます。大人から見れば、それは、ときには乱暴で無茶苦茶で、ものが壊される危険は十分にあります。先ほど指摘した矛盾の場面が現れるわけです。こんな場合、どのようにするとよいのでしょうか。

大人はしばらく子どもの動きを観察します。子どもは何をしたいと思っているのか、動きの中心になっている要求を観察するのです。そうして素早く子どもの要求をキャッチして、「それがしたいのであれば、これをこう使って、このようにすると、あなたのやりたいことができるよ」と教えます。これをモンテッソーリ教育法では、提示（プレゼンテイション）といっています。

この方法は、子どもが何をしたいと思っているのか、子どもの自主的、自発的要求を発見して、それを満たす方法を与え援助することなのです。

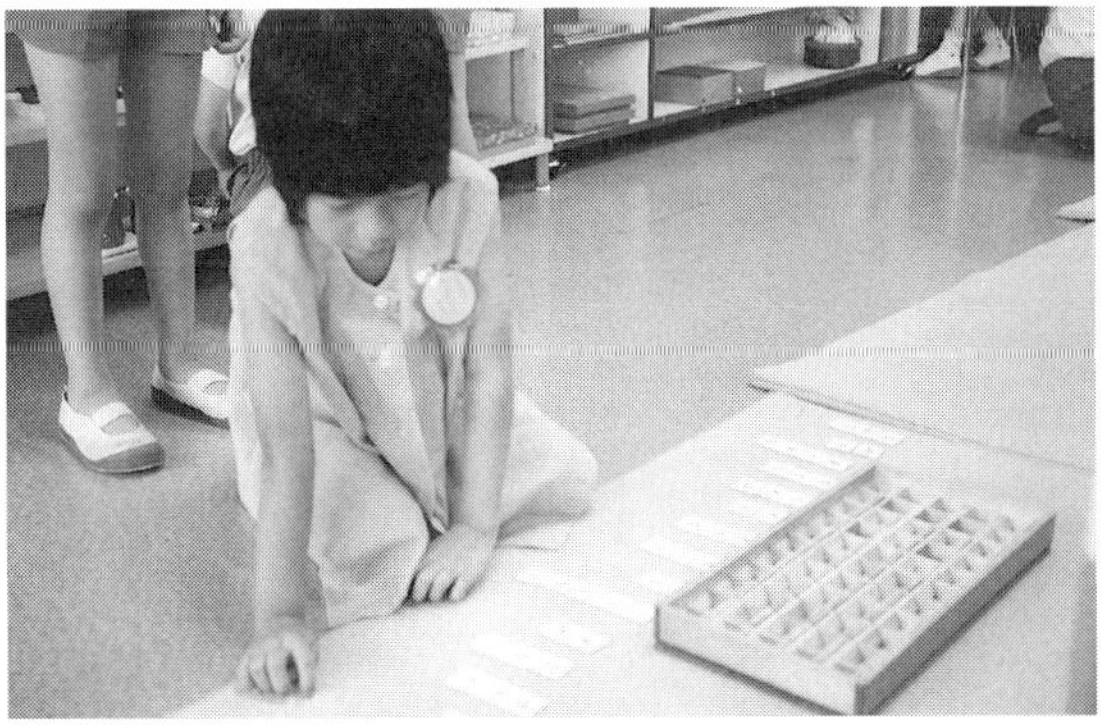

言語・文字の箱Ⅰ

子どもは、それらのものをどう扱うかについては何も知りませんから、大人の指導に従い（模倣して）自分の要求に基づいて、ものを取り扱って自分の要求を満たすことができます。これは、モンテッソーリがいう子どもの特質「吸収する精神」があるから可能なのです。このように、禁止することを止めて、どのようにするとよいのか、ものの取り扱い方を見せて、心の要求を満たすように援助をします。

すると子どもは、動きが一瞬中断されて驚くかもしれませんが、「何だ、そうするのか」と、示された方法を行うことによって、自分自身の要求を満たすことができるのです。また、道具やものも壊されずにすみます。これは、文化生活の中での生活を可能にし、人と交わる社会的生活の経験にもなるのです。

今一つ大切なことは、衝動的な動きがコントロールされて、社会的に秩序のある動きも習得できるようになることです。

以上のように考えると、矛盾すると考えられていた異なる二つの場面を、さらに高い次の段階で解決することができると考えられます。

そこでモンテッソーリ教育法の提示が、重要な意味を持つことになります。モンテッソーリ教育法の提示とはどんなものなのかを、モンテッソーリは子どもから常に学んだと述べています。私達は、モンテッソーリのこの姿勢や、態度に習うようにしなければなりません。現場の実践の中で、提示は先に述べたように「生命の発達の法則に従うための自由を保証する手段である」と考えられます。

提示が自由を保証する手段であるためには、まず準備された環境の中にあって、三者の出会い、すなわち、「子どもと教具」、「子どもと教師」、「教師と教具」との出会いが十分適切であることが前提となります。これらの出会いが十分であるためにも、教師達によって提示が大切にされなければならないのです。

加えて、子どもは吸収する精神（模倣を主とする）を持った存在で、精神的胎児の状態にあるものと考えられています。精神的胎児とは、生まれたときは精神は眠っている状態ですが、いろんな出会いや刺激を通して、精神をつくり、自らの人格をつくっていく存在で、未だ精神は胎児の状態だということです。また人間とは知性を持つ尊厳ある存在で、精神の優位を持ち、さらに意識的・社会的・文化的な存在であるのです。モンテッソーリは、子どもの生育の目標を次のように示しているのです。

子どもは、衝動的・無意識的存在から、社会的・意識的存在へと変化（進歩）しなければなりません。そのためには、衝動性を自らコントロールすることによって、社会的で秩序性のあるものへ、さらに感覚器官の使用、自己訓練を通じて、無意識的から意識的な存在へ、非言語的（感覚的）行動から言語的（抽象的）思考の持ち上へと変化を果たす必要があります。

特に、知性的な尊厳ある存在となるためには、幼児期に自らの動きを通じて教具と出会い、精神化を果たしつつ自らの人格の形成を推し進めなければならないことになります。そこで教師は、子ども達が自分自身で果たしていかねばならないこれらの作業を、子どもが一人でやっていくための援助をしなければならないのです。

そこで、実践的に提示をするときにも生じてくる疑問に答えるように心掛けながら、援助する提示について述べてみたいと思います。

2　自由を確保するための提示

子どもは自分自身の何かの要求に基づいて教具と出会います。教師はその出会いを援助しなければなりません。

そのためには何をどのように取り扱うとよいのかを、教師自身がよく分かっている必要があります。

※提示を行うための目的のポイント（要点）がはっきりしていて、提示は無駄がなく簡潔で、正確で、魅力的であること

私がここで思い出すのは、モンテッソーリ教育の提示を見た多くの人が、「お茶のお手前みたいだ」と感じたという事実です。そうです。日本の茶道に見られるお手前は、まさに提示の見本だということができます。余計な動作がなくて美しく感じます。簡潔で、正確で、魅力的ということは、あらゆる点で発達の途上にある未熟な子ども達が、何かを理解するために必要な要素であるということができます。

たとえば、教師が提示を何度もやり直したとしますと、大人でも何をしているのか分からなくなります。まして子どもはなおさらのことです。その上、子どもは吸収する精神といわれる特質を持っていますから、教師のクセのある、余計な動作さえも提示の一部として受け取ってしまうという例がたくさんあります。よく分かるためには、正しい緻密な魅力的な提示が要求されるのです。ただし、このことは教師に要求されている要件であって、子ども自体に求められていることではありません。

※子どもの能力に見合っていること

子どもの発達は、その環境によって一人ひとりそれぞれ異なっています。その一人ひとりの能力に合っていないと、子どもの興味は起きません。子どもを観察することの重要性がここにあります。

ここで、子どもの困難さと大人の困難さは、まったく異なっていることを知る必要があります。大人にとって

は気づきもしない何でもないことが、子どもにとっては大変な困難である場合が多いのです。さらにその困難が幾つも重なるときは、子どもは、どのように行えばよいのか、まったく理解できなくなるのです。困難性の孤立化が大切だといわれるのはそのためです。

たとえば、言葉と動作を一緒にして提示しますと、言葉を聞かねばならない、動作を見なければならないという二つの困難があります。子どもにとってこれは困難が大きすぎます。言葉をかけるとき動作は示さない。動作をするとき言葉は使わない。これが大切です。そして、言葉は少なめに、動作はゆっくりとする必要があります。

動作をゆっくりしなければならないのは、子どもの視覚は大人のそれと異なり、ものを見るときには、その形をなでるように目でたどることによって、やっと形の認識ができるようになるからです。一瞬に見て、形を認識する大人とは大きな違いがあります。

また、困難が二つある場合、たとえば、高さと底面積が共に違う容器に液体を入れ、二つの量の大小を比較しようとしても、子どもには正確に判断できないことがピアジェの実験でもよく知られています。

私達は、色と形を同時に与えたり、メロディと歌詞を聞かせ同時に振り付けをして、そのように動くようにさせたりしていないでしょうか。困難性を考えずに、子どもに与えたりしていないでしょうか。子どもは困難が大きすぎるときも、また反対に、困難が小さすぎるときも興味を示さないことが、子どもの観察から知られています。

子どもの発達に適した困難さを、一つだけにして示すことが必要です。

❋ 与える対象そのものが前面に出てきて、他は背景に沈むようにすること

提示のとき、いろいろと違ったものが同時に視覚に入る状況にあると、見てほしいものに子どもの注意がいかないことがあります。それを知らずに大人は「よく見なさい」と叱っている場合があります。最も見てほしいものを一つだけ孤立化して目立たせて、他の余分なものを視界から外す、または、周辺に置くことによって、子どもの注意の集中を助けることが大切です（ゲシュタルト理論が参考になります）。

❋ 成功経験を体験させること、劣等感を植え付けないように注意すること

子ども達は叱られたり、責められたりしたとき、自分ができないことを知ります（失敗経験）。それが度重なると劣等感を持つようになります。はじめは劣等感を克服しようとするのですが、失敗が度重なると、最後には努力することすら放棄するようになります。これに対して成功経験は、やる気を起こさせる大切な要因で、自信につながります。子どもの自主的、自発的活動を大いに援助することになります。これは、子どもへの配慮ともつながっています。もちろん、失敗することも大切な経験になりますが、できれば、指摘されるよりは自分で発見するのが望ましいのです。教具の中にある誤りの訂正はそうした配慮の結果です。

❋ 目的に沿って、秩序正しく、順序よく、段階を踏むこと（教具の系統性を習得すること）

子どもが何かを実際に実行するとき、一つの段階を繰り返すことによって習熟していきます。繰り返してよく分かるようになると、自分の要求が満たされ、その要求は解消するのです。これは次の段階へ進む準備が整ったことになります。子ども自身に次の段階が見え、次の要求へと移っていくのです。

それで、次のものに興味が移ります。それを再び繰り返すことによって、さらに次へと発達していきます。このように、次から次の段階へと必要性が見えはじめ、子ども自身がそれを自由に押し進めることによって、子どもの心の中に物事の正当な順序が生まれます。それは次の秩序を生むようになってくるのです。秩序はつくろうとしてできるものではありません。そのためには、教具の系統性が大切になります。系統性があるように教具の設定をするのは教師です（援助となります）。

さらに、子ども達の生育の過程で最も大切とされる精神の集中や注意力の深さは、次々に重ねられる困難性の克服の中で養われ習得されて育っていくものです。

子どもに適した困難性は、子どもの気分をよくし、物事に立ち向かうための刺激にもなります。そしてまた、繰り返すことによって困難性を少なくし、その段階を習熟してさらに克服するのですが、そのときには次の教具が見えていて（普通、比較的近くの棚に置かれている）、それに挑戦しようとします。

そこにある困難を克服するためには、さらに精神を集中することが大切になります。これを繰り返すうちに、集中する訓練が自然に重ねられていくことになります。

このように精神の集中力が養われ、多くの経験を積み重ねることによって、注意力の広さ、深さ、集中の度合いも拡大して、いわゆる精神活動が

文化：色付き地球儀をなぞる

豊かに深くなっていくのです。これは教師の援助によって可能となるのです。

※子どもは提示通りにやるとはかぎらないことを知ること

経験の浅い教師が陥りやすい傾向の一つに、何としてでも自分の提示した通りに、子どもにさせようとすることがあります。子どもが期待通りにしてくれたときは教師は喜び感動しますが、教師の提示と少しでも違ったことを子どもがすると、「そうではない、こうだ」と、途中で中断させ訂正したがります。しかし、この中断は、子どもの思いを断ち切る恐れがあります。子どもへの接し方として、「子どもが内面の要求によって導かれ、行動へと駆り立てられるように、教師は子どもを援助しますが……子どもが自分なりに行う動作に任せなければなりません」というモンテッソーリの指摘は大切です。

この点ではゲセルらの研究が参考になります。幼児期に難しすぎる運動を無理に正確に行わせたり、過度な速さ、複雑な協応した動作や平衡を強いたりすると、運動の発達を阻害させる結果になると強調しています。そして、このために子どもの自由な遊びが奨励されたのは大切な指摘です。しかし、これは逆に、子どもが自分を自分でコントロールする行為まで否定しているのではないことを知る必要があります。むしろ、自分でコントロールができるようになることは、発達そのものを意味するのだという点を理解することが大切です。モンテッソーリの言葉の重みをかみしめ、その指摘を十分に注意して受け止める必要があります。

※基本から展開へと進めること

子どもの発達は、簡単なものから複雑なものへ、基本から応用へ、大きい全体的な運動から局部的な小さい運動へと展開します。この発達法則に沿った援助が望ましいのです。ところが、現場で子どもが喜ぶからという理由で、基本を省略して展開から入る例が少なくありません。基礎ができていないのに、その応用をやるのは「砂上の楼閣」になりかねません。子どもが喜ばないという事実はなぜなのかを分析する必要があります。子どもの生活は幼稚園（モンテッソーリ・スクール）だけではありません。家庭での生活、友人、社会生活など、さまざまな体験を通して学習が進行していく機会が多くあります。子ども自身の敏感期をすぎている場合も多く、目の前の教具に興味を示さないこともあります。ここでも、一人ひとりの子どもを観察することの大切さが言われるわけです。

子どもが展開の部分に興味を示す場合は、興味の示す箇所から入っていくのもやむを得ない場合があります。ただ、その場合には前段階での欠落を見出し、それを補う形で前段階に戻すなどの配慮が必要になることもあります。

※自主的・自発的活動ができる過程が必ず含まれていること

子ども達自身ができること、特に前段階でしてきたことなどは、すべて自分で実行するように配慮されています。それを果たせるか否かが前段階のチェックとなり、次の段階への困難に進むわけです。これらは自発的活動に導く援助で欠かすことのできない点です。この際、教師の不必要な援助は、子どもの意欲をそぐことにもなります。

※活動を行うとき、それ自体自然に繰り広げる生活行動の一部として行うこと

子どもが生きるための教育を目指しているのですから、生活そのものに即したものであることが望まれます。たとえば日本人である場合には、その民族性の上に立った生活様式があり、それらを大切にすることが必要です。通常、子どもの一般的発達の部分は不変で全世界共通ですが、変化する部分として、それぞれの民族性の上に立った部分があることは忘れてはならないことです。外国の翻訳そのままの活動をするのではなく、その国に合ったものが必要だということです。

※事が起きたときに、主体者となれるような手段を提供すること

子どもは課題解決の場面に直面したとき、今まで身についたことを基礎として、それを使って新しい課題を解決するのです。その点を十分に考慮に入れて手段を提供するわけで、教具の系統性がその助けともなっているのです。

日常生活：切る

モンテッソーリ教育に対する批判の中の一つに、「子どもを、すべて型にはめて教えている」という指摘があります。次の例を見れば、その指摘が正しくないことが分かるでしょう。たとえば、紙を切る提示では、紙の厚さについても、どの厚さが一番適当であるかが吟味され決定されています。子どもの感覚器官の発達段階に適し

た援助を考え、しかも子どもが自分でできる手段を得られるように援助することを目的として提示しているのです。子どもはその後、どんな紙の厚さに対しても習得した手段を使って、自分で工夫し道具を使って切ることを学習するのですから、その批判はあたらないと考えられます。

同一の園では、提示法が統一されていることが望ましいこと

モンテッソーリ法の実施園では通常、縦割りの保育であり自由が大切にされていることもあって、子どもが他のクラスを見ることもあるでしょうし、クラス替えなどが行われるときもあります。そのとき、園内で提示が統一されていれば、子ども達が混乱を起こすことも少なくてすみます。

また、教師が他の教師と自分の提示法が違うことに心を使って不安を覚えることもありません。園の教師が一致して一つの方向を目指すという点からも、提示法は統一されていることが望ましいのです。

保育室での提示と、運動場での提示とで根本的な差異がないこと

保育室の提示は、お手前を思わせるようなきれいな提示でも、運動場になると途端に基本的姿勢が崩れて、まったく異なる提示が行われることがあります。これは教師の基本的姿勢に未熟さがあるために生じた、混乱した保育に他なりません。どこでも同じ原理に基づいた提示でなければなりません。

保育室での保育は家庭の部屋での生活、運動場での保育は広場に対応していると考えてみてください。したがって、前者では主として細かい身心のコントロールを目指し、後者では全力を出し切る機会、身体の大きな動きのコントロールをも目指しているという異なった特徴があるだけなのです。

場が異なっても、提示は、モンテッソーリ法の原理に基づいて行う態度を身につけましょう。

3　自由自在に動く身体（からだ）とは

ここで、運動の大切さに対するモンテッソーリ教育の指摘の一部に触れておきましょう。

統合運動とは、知的な精神活動と運動筋肉活動が一体となって統合されることを指しています。そのためには、常に精神活動が先にあって、身体を自由自在に操ることができるように導かれなければならないことになります。たとえば、子どもは床の上に引かれた線の上を歩くときには、線が真っ直ぐに引かれているか、あるいは、曲がっているかという判断（精神活動）をして、その判断に従って身体の筋肉活動を行うのです。

モンテッソーリ教育における運動の教育的価値は、動作の目的に合うように随意筋肉系を完成させ、同時に、知的能力を完成させるところにあるといわれています。子ども達が広いスペースの中で、あてもなく自由に走り回るだけだというのは、知性の発達にはあまり関係がないという点には注意しておきたいものです。それぞれの特徴のある生活の場を利用して発達を援助するのです。援助のための提示の原理は、どこにあっても共通していることが大切です。

日常生活：線上歩行

現場で実践する場合でも、理論的理解のもとに何をどうすべきか目的をはっきりさせて、エネルギーを有効に効果的に使うようにしなければなりません。

モンテッソーリ教育法を現場において実施する場合に、まず秩序や自由の概念を明瞭にすること、そして、その自由を確保するためには、どれほどの配慮が必要であるか考えるとき、子どもの全生活を通して基本的に取るべき援助の姿勢が明らかになるのだと思います。

4　生命の畏敬を根本に置く自由

次に、モンテッソーリ教育の自由と規律について、さらに掘り下げて考えてみましょう。

「モンテッソーリ教育法は、自由に基礎を置く教育です」とモンテッソーリが言っていることについては、何度も紹介してきました。

その自由とは、どんなものなのでしょうか。このことを考える前に、私達が日頃考えている「自由」とは、どういうものなのかを、はっきりさせる必要があるでしょう。

私達は、常日頃から自由は大切だと思っています。私達人間は社会的な存在です。大勢の人々と有形無形の関係を持っ

なかよし

て生きています。他の人々に迷惑を掛けることなく、しかも、自分自身が充実して自由であり続けるためには、自己中心的であることは許されません。

他の人と調和して生きる、つまり社会的調和が必要で、他の人のこと、ひいては社会全体のことを考えて調和して生きることが望まれます。つまり自立するとは、取りも直さず、人間が社会化することを意味します。自立と社会化は一枚の紙の裏表のようなものといってよいでしょう。

私達人間が社会的存在であるというのは、私達個人個人が互いに他と調和しあって社会を構成しているということに他なりません。このことを具体的に理解するのに適切な例があります。

現代は車社会だということができるでしょう。そこで、車の運転のことを考えてみてください。人々が、各々自分の車に乗って、仮に自分自分の思いのままに、車を運転した場合の道路の状況を想像してみてください。私は右を走る、僕は左だ、と一方向だけでなく両方向から車が来るとします。道路の幅にもよるでしょうが、そこには大混乱が生じます。

この問題を解決するためには、交通ルールが必要でしょう。そこで、交通規制法が生まれました。この法を皆が守れば、比較的、各自の思い通りに車で自由に走ることができるのではないでしょうか。

このように制限を設け、それに従うことによって、私達は近辺だけでなく日本全体さえも、自由に安心して、

大工室にて

車を走らせることができるのではないでしょうか。つまり、他と調和して生きるとは、その社会に生活する人達が「よい」と判断したルールに従う必要があり、そのルールの範囲内でこそ私達は安全であり、自由が保障されるのです。

このルールとは何でしょうか。それは、ある場合は社会的規範であり、法律であり、ある場合は他への配慮、思いやりであったりします。保育室に関して言えば、保育室内の秩序であり、約束ということになるでしょう。そして個々の保育室のルールは、園全体のルールに通じるものなのです。

私達は、「自由」という言葉を使うときに、上述のようなことを念頭に置いていると思います。

しかし、モンテッソーリの「自由」に対する考え方は、実は、これだけにとどまるものではないのです。モンテッソーリが、他の人との調和を大切にするのは、それは人間の生命への畏敬があるからです。私達は、生命の発達を助けるように環境を整備します。環境は、生命の発達を助けることも、また、逆に妨げることもできます。しかし、生命そのものをつくり出すことはできません。

「生命は、創造主によってのみ創造されたもの」として、モンテッソーリは生命への畏敬の念を抱きました。人間と他の動物を分けるのは知性である、人間には知性が与えられているとモンテッソーリは説きます。生命は創造主によってのみ創造されたもの、人間は知性を持つ存在であるから、人間の生命は他から脅かされてはならないのです。

人間が社会的存在として他と調和し合わなければならない理由は、人間は肉体とともに精神（知性は精神の働きによるもの）を持つ存在であるから、人間の生命は互いに尊重されなければならない、というところにあるのです。

モンテッソーリのこの根本的な考えを十分に理解することなしに、モンテッソーリ教育法の自由の概念を語ることはできないといってもよいのです。モンテッソーリ法は、この土台の上に構築された教育法であるといっても過言ではありません。しかもさらに重要なことは、モンテッソーリは、自分の教育法を固定した体系としてではなく、開かれた体系として考えてほしいと願っているのです。なぜなら、保育室には、絶えず新しいことが起こるからです。生命の働きは神秘に満ちていて、子どもの生命は絶えず成長の法則に基づきながらも、生き生きと躍動し発展し続けるからです。ですから子どもを観察することにはじまり、絶えず子どもを観察することを大切にしているのです。

5　真の自由は教育の助けを必要とする

「成長とは、子どもの内に秘められた生命が発達し、それが目に見える形で現れることです。」したがって環境は、洞察力のある感受性に富んだ教師が入念に準備したものであり、この環境にいる子どもとともに成長に参加する必要があります。

モンテッソーリによれば、「真の自由は教育の助けを借りて、子どもの内面に潜む己を導く力（内面指導力―自己教育力）を、発展させてはじめて得られる」と指摘しています。子どもに自由を獲得させるためには教育こそが大切であり、子ども自身の自己教育力を引き出すことが教師に課せられた使命である、とも説いているのです。

さらに、モンテッソーリは続けて言います。

「自立しないまま自由を得ることは誰もできない。したがって、まず子どもに自分から積極的に自由を得ようとする気配が見えたら、子どもの行動を通して自立できるように導かねばならない」、「子どもによる有益な行為を、自然の設計（成長の法則）通りに、子どもが自分のものにできるように助けることが必要です」だから、「自由を自分のものとしている保育室では、子ども達は無駄なことをしないし、知的に、しかも自分の意思のままに動き回っているが、乱暴な振る舞いや粗野な行動は特に起こらなかった」と言っています。

こうした自由を根付かせるために制限することは子どもの破壊行為だけです。「他のどのような行為も、それが有益だと思われる範囲ですべて認めるだけでなく、それを観察しなければならない」と、モンテッソーリは述べています。

自由を根付かせるために、制限することも必要だということを、私達は深く心に刻む必要があるでしょう。先述した大人の車社会の例では十分に納得した上で受け入れている「制限」を、私達は対象が乳幼児であるときには、しばしば忘れてしまっているのではないでしょうか。「まだ幼いから無理だとか……」、「まだ何もそこまでしなくてもよいのでは……」と、日常生活でよく使う言葉は、実は大人の側の一方的な判断から出るもので、子どもの持つ自己教育力を知らないために、こうした判断をしてしまうことを反省しなくてはならないでしょう。

自由を根付かせるために配慮された環境、すなわち、「自由な環境での活動を保障された子どもが、自分の周辺からある作業を選んだ場合、その作業は子どもの内面の自然の法則に従って発達している部分と密接な関係がある」といいます。

モンテッソーリ教育を導入した保育室の自由な雰囲気の環境の中で、子どもは、さまざまな得難い体験をしています。まず自分の行為に思いを巡らし（今は、何をしようかな―選択）、それが自分と他人とにもたらす結果を見極め、現実に自分の限界に自分の力で体当たりし、自分が何をすれば満足感が得られ、また、むなしさや不満を味わうのはどのような場合であるかを学び、自分の能力だけでなく欠点をも見出すのです（自己認識する）。

モンテッソーリは、このような考えを抽象的な観念としてではなく、子どもの毎日の生活を通して実現することを主張しています。それが、モンテッソーリ法の実践といわれるものです。

モンテッソーリの保育室では、子どもが仮に一つの作業に興味を示し、それを「やってみたい」と思ったとき、その作業をやり遂げるのに必要なものはおおむね準備されています。もし、やり方が分からないときは、どのようにすればよいのか、必要なことは教師に示してもらうことができます。作業をすべてやり遂げたら、子どもは元あった状態にすべて戻しておきます。この一連の作業は、どのようにやってもよいのではなく、目的に従って行います。机なり、じゅうたんなり、作業する場もおのずと定まってきます。これはごく自然なことです。

このたった一つの作業の中にも、自由を根付かせるための制限が意識的に配慮されており、子どもが自己教育力の命じるままに作業し、自己実現への道を歩みながら、それが実は自己本位（自己中心的）に終わることのないようになっています。作業をやり終えたら、「元の状態に戻す」という「片付け」を通して、あるべき秩序の形に気づき、それが同時に他の人へ向けられた〝他への配慮〟となって組み込まれていることに私達は気づかなければなりません。

一つひとつの実践は、子どもが生きていくための生活力を育むものであり、それを通して子どもは自律し、同時に社会化していくのです。それらは、先に述べた人間の生命への畏敬に基づいて、そこから生まれる子どもの善に向かう自由を保障するという土壌に根差していることを、私達はもっと強く意識する必要があるのではないかと思うのです。

モンテッソーリ教育はこれだけですべてではありません。述べたいこと、述べねばならないことが数多く残されています。それらは続編として書き続けるつもりです。

最後に、発達心理学の視点から子どもの成長に従ってモンテッソーリ教育を整理して、解説を行なうために考えた、〝モンテッソーリ教育の構想〟を紹介しておきます。

6　モンテッソーリ教育の構想

図は、モンテッソーリ教育を子どもの発達の視点から構造的にとらえたもので、モンテッソーリ教育理論を解説するために、モンテッソーリ教育の構想図として示したものです。その要点を記しておきます。
・子どもとは何か、どんな存在であるのか。これは一般に〝児童観〟といわれるものです。
・この子どもは、環境との出会いなしには発達しないのです。
・その環境は、対人環境と、対物環境に分けて考えます。子どもと教師と教具の出会いを考え、前者は教師論となり、後者は教具論として展開します。
・子どもの発達の過程は、自分の人格をつくり上げていく創造の過程です。
・その発達の過程には、吸収する精神、敏感期、精神の受肉があります。そして、子ども自身による、自分自身の人格の形成過程でもあります。
・その自然な発達の過程は、大人の偏見と無理解によって阻害され、逸脱発育を起こすことがあります。
・逸脱した発育を正常化するためには、発達を阻害している障害を取り除くことと、自由を与えること、整備された環境の中で子ども自身が作業を通して集中することが必要です。こうすることによって、子どもは精神の安定を得て、自ら正常化を果たすことが可能となるのです。この子どもの援助をするのがモンテッソーリ教育であると考えます。

・教師や大人の援助を得て、この子ども達は本来の姿を現し、世界の平和、人類の平和を志す人となるでしょう。

・モンテッソーリ教育のコスミック教育は、地球に生きる人間が宇宙を構成する一員であることを自覚し、宇宙の諸々のものとの内的関連に目覚めることを求めています。

私達は宇宙の調和に基づく思想のもとに、人間と人間以外のすべての生物をも含めて、生命の尊厳について深く思いをいたし、人類の平和と幸福を願い、自らの使命を探求する人間の育成を目指そうとするモンテッソーリのメッセージに耳を傾け、謙虚に、自分もまた、このために命をささげる一人として、子どものために奉仕する人となるよう努力したいと思います。

モンテッソーリ教育の構想図

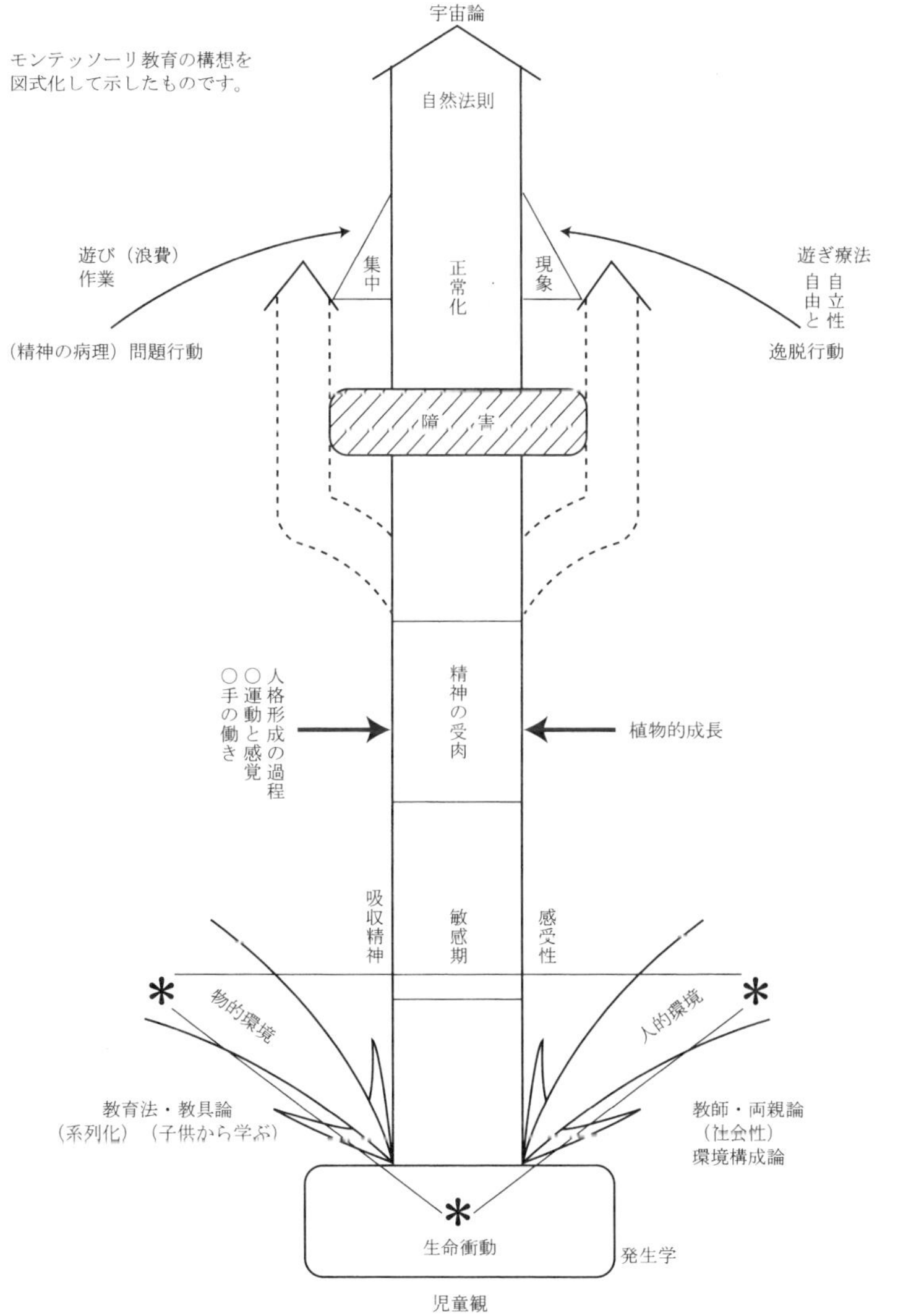

モンテッソーリ教育の構想を
図式化して示したものです。

『モンテッソーリ教育－基礎編・応用編』
「モンテッソーリ教育の解説」藤原より　転載

あとがき

先に出版された『モンテッソーリ教育―やさしい解説―』の序に「北九州の地にモンテッソーリ教育が胎動しはじめたのは一九七〇年代です」と書かれていますが、その先駆けとなったのは、一九五六年九州工業大学（国立）心理学藤原研究室ではじまった「幼児問題研究会」ではなかったかと私は思っています。この研究会は藤原元一が九州工大着任と同時にはじめたもので「未だ子どもを持たない若い先生が……」と、しきりに囁かれたものです。研究会は活発に活動し「北九州幼児問題研究会」となり、やがて九州という地域の枠を超えて、幼児教育を考える人達の輪が大きくなっていきました。

一九七一年にはモンテッソーリ九州研究会が生まれ、一九七四年には彼はその活動の拠点として「九州幼児教育センター」を開所しています。（宗像市日の里七―二一―四）

九州ではじめてのモンテッソーリ教師養成トレーニング・コース（略称九州コース）が日本モンテッソーリ協会によって認可されたのもこの年です。

九州コースが、インターネットにホームページを開いたのは一九九九年一月です。モンテッソーリ教育法に関しての疑問や質問がホームページに押し寄せ、疑問や質問に応じ切れなくなり、その対処法として二〇〇一年にモンテッソーリ教育法のインターネット講座を開始しています。

講座期間は一年間、約一〇回の予定。内容は「モンテッソーリ教育法」への疑問・質問にも応えるものとするため「モンテッソーリ教育―やさしい解説―」と命名しています。モンテッソーリ教育法の解説となるように、元一は自分が専門としている心理学に立脚し、モンテッソーリ教育にあわせて現代の心理学の知見なども紹介していくかたちをとりました。

講座は予定通り終了しましたが、コース卒業生や大勢の受講生の希望に背中を押されるようにして、講座内容は、一冊の本のかたちをとりました。それが先に出版された「モンテッソーリ教育―やさしい解説―」です。

藤原元一の幼児に対する関心は、学生時代にさかのぼり、「日曜学校の先生」からやがて「日曜学校の校長先生」と呼ばれるようになりました。幼児への関心は、モンテッソーリ教育法と出会うことによって、彼の一生の仕事となり彼は終生、その情熱を幼児教育へと傾けるようになっていったのではないかと思います。その間、多くの人との出会いに恵まれ、いつも「ありがとう」と喜んでおりました。

学苑社のお骨折りで、「モンテッソーリ教育―やさしい解説―」は書籍らしくなり大層読み易くなったと思います。きっと学苑社の方々にも「ありがとう」と申していることでしょう。

本書が、子どもを愛する人達に読まれるのは望外のしあわせと存じます。

藤原桂子

二〇〇七年一〇月

愛犬とおしゃべり

引用・参考文献

E.M.Standing『Maria Montessori-Her life and work』AMERICANLIBRARY.1998.

J.M.Hunt『The Challenge of Incompetence and Poverty.』Papers on the Role of Early Education.1969.

M.Montessori『The Absorbent Mind』Clio.Press.Ltd.

M.Montessori『Spontaneous Activity in Education-The advanced Montessori Method.』SCHOCKEN BOOKS.1964.

M.Montessori『To Educate the Human Potential』A KALAKSHETRA PUBLICATION.1989.

M.Montessori『From Childhood to Adolescence』SCHOCKEN BOOKS.1994.

M.Montessori『The Formation of Man.』Clio Press.Ltd.1989.

M.Montessori Jr.『Education for Human Development-understanding Montessori.』SCHOCKEN BOOKS.1987.

A・マルティネ編　三宅徳嘉監訳他『言語学辞典』大修館書店．一九七二．

D・マクニール　佐藤方哉／松島恵子／神尾昭雄訳『ことばの獲得』大修館書店．一九七二．

E・サピーア　泉井久之助訳『言語―ことばの研究―』紀伊国屋書店．一九五七．

E・H・レネバーグ　佐藤方哉／神尾昭訳『言語の生物学的基礎』大修館書店．一九七二．

E・L・デシ　安藤延男　石田梅男訳『内発的動機づけ』誠信書房．一九八〇．

E・M・スタンディング　クラウス・ルーメル監修　佐藤幸江訳『モンテッソーリの発見』エンデルレ書店．一九七五．

I・E・シーゲル／R・R・コッキング共著　子安増生訳『認知の発達―乳児期から青年期まで―』サイエンス社．一九八三．

J・C・エクルズ　大村裕／小野武年訳『脳―その構造と働き―』共立出版．一九七九．

J・ケイガン　三宅和夫監訳『子どもの人格発達』川島書店．一九七九．
J・M・ハント　宮原英種　宮原和子共訳『乳幼児教育の新しい役割』新曜社．一九七八．
J・M・ハント　波多野誼余夫監訳『乳幼児の知的発達と教育』金子書房．一九七六．
Janine Levy　安藤忠監訳『赤ちゃんのめざめ』医歯薬出版株式会社．一九八一．
M・モンテッソーリ　阿部真美子訳『自発的活動の原理』明治図書．一九九〇．
M・モンテッソーリ　菊野正隆監修／武田正実訳『創造する子ども』エンデルレ書店．一九七三．
M・モンテッソーリ　クラウス・ルーメル／江島正子訳『子ども―社会―世界』ドン・ボスコ社．一九八二．
M・モンテッソーリ　クラウス・ルーメル／江島正子訳『子どもと学校の危機』エンデルレ書店．一九八二．
M・モンテッソーリ　クラウス・ルーメル／江島正子訳『児童期から思春期へ』玉川大学出版部．一九九七．
M・モンテッソーリ　坂本堯訳『人間の形成について』エンデルレ書店．一九七〇．
M・モンテッソーリ　鼓常良訳『子どもの心』国土社．一九七一．
M・モンテッソーリ　鼓常良訳『幼児の秘密』国土社．一九九二．
M・モンテッソーリ　吉本二郎／林信二郎訳『モンテッソーリの教育　0歳～六歳まで』あすなろ書房．一九八二．
M・モンテッソーリ　吉本二郎／林信二郎訳『モンテッソーリの教育　六歳～一二歳まで』あすなろ書房．一九七一．
P・オスワルト　保田史郎訳『子供と教会生活　宗教教育論』理想社．一九六六．
P・オスワルト　保田史郎訳『モンテッソーリ教育における児童観』理想社．一九七一．
Sr.・C・マリー・トルドウ　渡辺和子監修『モンテッソーリの手びき』ふじや高速印刷．一九七四．
W・D・ブレイン　秋本波留夫監訳「言語の神経学」『失語症』東大出版会．一九七八．

石川謙『我が国における児童観の発達』一古堂書店．一九五四．

イタール　古武弥正訳『アヴェロンの野生児』福村出版．一九七六．

市丸成人／松本静子共編著『モンテッソーリ教育の理論と実践（上）』エンデルレ書店．一九八七．

伊藤正男編『脳と運動』（平凡社選書）平凡社．一九八三．

岩淵悦太郎／波多野完治／内藤寿七郎他著『ことばの誕生　うぶ声から五歳まで』日本放送出版協会．一九六八．

榎本博明「自己チューな子の心理と行動」『児童心理』No.760．金子書房．二〇〇一．一二．

風間喜代三「言語の系統と形成」『岩波講座日本語一二　日本語の系統と歴史』岩波書店．一九七八．

加藤正明（編集代表）『精神医学事典』（二版）弘文社．一九九三．

木村介次『脳育―人間形成の焦点』東海新書　東海大学出版．一九六五．

ゲゼル　生月雅子訳『狼にそだてられた子』家政教育社．一九六七．

小林登『こどもは未来である』メディサイエンス社．一九八一．

駒沢女子大富田隆「周りを気にしない親の心理・子どもの行動―システム依存症の悲劇」『児童心理』No.756．金子書房．二〇〇一．九．

坂野登編『現代心理学双書　第二巻』新読書社．一九八六．

汐見稔幸（東京大大学院助教授）「子どもをせかす親」『児童心理』No.751．二〇〇一．六．金子書房．

白井常編著『児童心理学』光生館．

菅原ますみ他『「児童期の子どもを持つ家庭について」の研究』安田生命研究助成論文集　一九九八年．安田生命．

菅原ますみ（国立精神・神経センター精神保健研究所）「成熟した親になるために」『児童心理』No.759．金子書房．二〇〇一．一一．

杉山／松本静／三村（三村邦明の論説より）「シンポジューム　モンテッソーリ教師の役割」『モンテッソーリ教育』22号．一九八九年．

鈴木孝夫『日本人は日本語をどう考えているか』新潮選書．一九七五．

曽野綾子「虚の空間　現代教育事情」『文芸春秋』一二月号　文芸春秋社　二〇〇一．

園原／柿崎／本吉監修『心理学辞典』ミネルヴァ書房．一九七一．

遠山啓『数学の学び方・教え方　岩波新書』（第六刷）岩波書店．一九七六．

時実利彦『脳と人間』雷鳥社．一九六八．

時実利彦『目で見る脳―その構造と機能―』東京大学出版会．一九六九．

中田洋子（目白大学）「子どもの話を聞ける親」『児童心理』No.751．金子書房．二〇〇一・八
中尾昌子『九州コース　研究ノート　感覚領域』

新村出編『広辞苑』（第五版）岩波書店．一九九八．

西尾実／岩淵悦太郎／水谷静夫編『岩波　国語辞典』（二版）岩波書店．一九七一．

日本子どもを守る会編『子ども白書2005』草土文化．二〇〇五．

野上芳美『「脳と言語」叢書・精神の科学11』岩波書店．一九八七．

畠山富而『実験育児学―Human Biology の立場から育児学の理論と実践を目指して―』メディサイエンス社　一九八一．

ピーター・B・デニッシュ／エリオット・N・ピンソン著　切替一郎／富藤村靖監訳『話しことばの科学』東大出版会．一九六六．

藤永保（編集委員会代表）『心理学辞典』（六版）平凡社．一九九七．

藤永保『幼児の発達と教育』有斐閣新書　有斐閣．一九七九．

藤原江理子『九州コースの実践提示教本』

藤原桂子「幼児期の言語教育における『言語』についての意識の考察」久留米信愛女学院短期大学研究紀要．一九八四．

藤原桂子「モンテッソーリ教育法における言語観の考察」日本保育学会大会研究論文集．一九八五．

藤原桂子「モンテッソーリ教育法による言語教育」（1）一九八六、（3）一九八九、（4）一九九一、（5）一九九二．日本保育学会大会研究論文集．

藤原桂子「モンテッソーリ教育法による言語教育」（2）一九八六、（6）一九九三、（7）一九九六．久留米信愛女学院短期大学研究紀要．

藤原桂子「領域『言語』の考察」（1）久留米信愛女学院短期大学研究紀要．一九九四．

藤原桂子「領域『言語』の考察」（2）日本保育学会大会研究論文集．一九九九．

藤原桂子「モンテッソーリ教育法実施園における幼児の自発的活動—『ことばあつめ』での単語の分析—」久留米信愛女学院短期大学研究紀要．一九九九．

藤原桂子「文字の習得に関しての一考察」久留米信愛女学院短期大学研究紀要．二〇〇〇．

藤原桂子「媒体としての絵本と映像の比較」久留米信愛女学院短期大学研究紀要．二〇〇一．

藤原元一『AMIコース実践ノート　九州コース　研究ノート』

藤原元一「M教育法の自由のとらえ方とそのための提示」『モンテッソーリ教育』一七号．日本モンテッソーリ協会．一九八四．

藤原元一「モンテッソーリ教育の研究—実践：感覚教育領域について—」日本応用心理学会　第五八回発表論文集．一九九一．

藤原元一『AMIコース実践ノート　九州コース　研究ノート』

藤原元一「M教育法の自由のとらえ方とそのための提示」『モンテッソーリ教育』一七号　日本モンテッソーリ　協会．

藤原元一『モンテッソーリ教育—基礎編・応用編—』中央出版社．一九八〇．

藤原元一「内発的動機付けと環境」『モンテッソーリ教育』三〇号　日本モンテッソーリ協会．

藤原元一『幼児性格行動の指導』北九州幼児問題研究会．

藤原元一『ＡＭＩコース実践ノート　九州コース　研究ノート』

藤原元一『幼児性格行動診断検査』原因、処置について　北九州児童問題研究会．

ポーラ・ポルク・リラード　いいぎりゆき訳『なぜ　いま　モンテッソーリ教育なのか』エンデルレ書店．一九九四．

マッセン　白井常訳『児童心理学　新訂現代心理学入門』岩波書店．一九八〇．

馬淵和雄書『国語音韻論』一九七一．笠間書房．

三村隆『「数の話し」アブストラクト』プリント（コース講義用）．

宮原英種／宮原和子『愛情だけでは子どもは育たない』くもん出版．一九九二．

宮地裕『日本語の文法単位体　岩波講座』日本語六巻　岩波書店．一九七六．

森岡健二／藤永保『言語と人間』東海大学出版会．一九七〇．

文部科学省スポーツ　青少年局「体力、運動能力調査報告書」日本子ども資料年鑑2007．社会法人思賜財団母子愛育会・日本子ども家庭総合研究所編．ＫＴＣ中央出版．

矢田部達郎監修『心理学初歩』培風館．一九九〇．

※　モンテッソーリ教師の12の心得：Dodecalogo della direttrice monttessoriana

著者紹介

藤原　元一（ふじわら　もとかず：1923～2005）

大阪大学文学部心理学科卒業

大阪大学医学部衛生教室研究生

九州工業大学教職課程講師

東京大学文学部心理学科内地研究員

九州工業大学助教授、教授

ロンドン大学文部省外地研究員

Maria Montessori Training Organisation（London-UK）
　文部省外地研究員

九州工業大学名誉教授

近畿大学教授

九州幼児教育センター所長（1974～2005）

平成12年４月勲三等瑞宝章を授与された

平成17年11月従四位に叙せられた

藤原　桂子（ふじわら　けいこ1932年生まれ）

久留米信愛女学院短期大学教授
九州幼児教育センター・モンテッソーリ教員養成コーススタッフ

府立大阪女子大学学芸学部国文学科卒業
九州大学研究生
モンテッソーリ教育研究のため渡欧
久留米信愛女学院短期大学勤務（1981〜）
現在も同学非常勤講師を勤める

藤原　江理子（ふじわら　えりこ：1964年生まれ）

九州幼児教育センター所長
同センター・モンテッソーリ教員養成コース委員長
日本モンテッソーリ協会(学会)理事

九州幼児教育センター・モンテッソーリ教員養成コース10期生
Maria Montessori Training Organisation（London-UK）にて、
　モンテッソーリ国際教員（3−6歳）資格を取得
Fondazion Centro Internazionale di Studi Montessoriani（bergamo-
　Italy）にて、同教員（6−12歳）資格を取得
小学生のための「Montessori Elementary Classroom」開設
2006年より現職

モンテッソーリ教育
——やさしい解説

2007年11月30日　初版第１刷 発行
2019年８月１日　初版第４刷 発行

著　者　藤原元一・桂子・江理子
発行者　杉本　哲也
発行所　株式会社　学 苑 社
東京都千代田区富士見2-10-2
電話　03（3263）3817
fax.　03（3263）2410
振替　00100-7-177379
印刷　藤原印刷株式会社
製本　株式会社難波製本

ISBN978-4-7614-0709-4